Edipo rey - Antígona

Sófocles

Edipo rey
Antígona

AGEBE

© Agebe
Av. San Juan 3337
Tel.: 4932-4335
Buenos Aires, Argentina

Diseño interior: Cutral
Diseño de tapa: Agustín Blanco

ISBN: 987-20562-5-0

Queda hecho el depósito que marca la ley 11.723
Impreso en la Argentina

Sófocles
(497 o 495 - 405 a.C.)

Sófocles
(497 o 495 - 405 a.C.)

El teatro griego

Las representaciones se hacían primitivamente en la plaza pública y ante el templo de Dionisos. El año 500 a.C. se edificó en Atenas, al pie de la Acrópolis, el primer teatro. Era, lo mismo que los construidos posteriormente en todo el mundo griego, de forma semicircular, en piedra y al aire libre. Constaba de tres partes: el anfiteatro, formado por gradas para los espectadores, una plataforma, llamada *escena*, y el espacio intermedio entre ambos, u *orquesta* destinada a las evoluciones de los que componían el coro (12 o 15 personas). Los actores iban cubiertos con una máscara y calzaban unos zapatos especiales (*coturnos*) provistos de un gran tacón para aumentar la estatura. La recitación, lenta y solemne, daba a la representación un carácter de ceremonia religiosa oficial en honor de Dionisos y a ella acudía la ciudad entera.

Al principio, las piezas formaban trilogías, es decir, grupos de tres tragedias que trataban el mismo asunto en tres fases sucesivas. Sólo se conserva una trilogía completa (*La Orestíada* de Esquilo). Después, cada tragedia era independiente. El diálogo de una obra teatral se componía en los primeros momentos de largos y lentos discursos, pero posteriormente éstos fueron más vivos y cortados. Las intervenciones del coro, que constituían una especie de himnos, se intercalaban en el diálogo de los actores. Estos, los histriones, eran siempre tres hombres, incluso cuando se trataba de representar papeles femeninos, y el primero y principal se denominaba protagonista. Como llevaban el rostro cubierto por una careta, la mímica no podía consistir en los cambios de fisonomía, sino sólo en las actitudes del cuerpo. Las amplias túnicas, la voz grave y potente y los ademanes majestuosos daban a la tragedia un tono imponente de solemnidad religiosa. Los temas que desarrollaban procedían de antiguas leyendas heroicas y, alguna vez, de acontecimientos históricos recientes. Apenas existía lo que hoy llamamos intriga y el dramaturgo no trataba de interesar al público, sino más bien de despertar en él intensos sentimientos de piedad, admiración o terror

El autor

Poeta trágico griego, nació en Colona, cerca de Atenas. Tuvo una vida muy brillante y contó con la veneración de sus contemporáneos, quienes lo estimaron como a un semidiós. Fue verdaderamente un artista prototipo de la gloriosa época de Pericles, bien parecido, de estructura física atlética, rico, y desempeñó altos cargos políticos durante toda su vida.

A los 27 años ya ejercía el oficio de las letras, edad a la que derrotó en un concurso público a su maestro Esquilo. Su carrera dramatúrgica empieza con grandes éxitos. Entre las casi 200 obras que escribió, sólo se conservan completas las de su madurez como *Ayax*, escrita alrededor del 445 a.C., *Edipo en Colona, Las Traquinias y Antígona* escritas entre 441 y 440 a.C. *Electra. Edipo rey y Filóctetes* son posteriores.

Sófocles incluye un tercer actor en el drama, pues hasta ese momento únicamente dos actores protagonizaban la obra; esto hace que el diálogo sea más rico y complejo. En cuanto al tiempo, introduce la medida de éste en el drama. Tiene la habilidad de reflejar en un segundo la emoción en el diálogo del interlocutor. Los conflictos personales son interpretados por el dramaturgo, quien considera que de las acciones de los hombres surgen las consecuencias.

Junto con Eurípides y Esquilo, rescataron la historia de las victorias griegas sobre los persas, que llevaron a Atenas a ser el centro de la cultura de Occidente.

Era un hombre equilibrado y flexible, de educación exquisita. Fue muy conservador y amante de la tradición, sin embargo, enjuició algunas veces las decisiones de los hombres por boca de sus personajes, en nombre de la justicia que también era parte esencial de su carácter. Sófocles murió en Atenas.

Las obras

Edipo rey es sin duda la obra maestra de Sófocles, la que tiene una mayor fuerza dramática. Cuenta la historia de Edipo, quién ignorante de su condición de rey, pues había sido apartado de su verdadera familia siendo un niño, mata a su propio padre y se convierte en esposo de su propia madre, Yocasta. La ignorancia de su procedencia y cometer unos crímenes tan horribles como son el parricidio y el posterior incesto sin habérselo propuesto son el núcleo trágico, el cumplimiento de su fatal destino, que lo había señalado para tales horrores aun antes de nacer.

Sófocles plantea aquí que las leyes de la naturaleza toman terrible venganza contra quien las quiebra, aunque ignore que está cometiendo tal delito.

La belleza y la justicia de la personalidad de Edipo acentúan en el espectador ese sentimiento de la impotencia ante el destino, que es la esencia de la tragedia. Su visión de ella va más allá de los conflictos personales. Los personajes se mezclan entre seres humanos y dioses, aunque éstos no se guían por las mismas leyes de los humanos.

Su tragedia *Antígona* le valió ser coronado cuando contaba 85 años, y recitar un trozo de ella, le valió no ser declarado en interdicción judicial para manejar sus bienes, acusado por su celoso hijo.

En *Antígona,* Sófocles presenta y desarrolla el tema del conflicto entre el rey Creonte y la joven Antígona, quien se opone al poder y a las órdenes del rey, pues éste ha declarado a Polinices, hermano de Antígona, enemigo de la patria y por esa razón ha decidido que su cadáver sea presa de las aves de rapiña, impidiendo que reciba sepultura, en cumplimiento de las rígidas leyes de la ciudad. La joven atiende a su amor fraternal, que la impulsa a enterrar a su hermano por encima de la ley civil. Ella sabe que, al cumplir esta orden de sus sentimientos y de su conciencia, está de antemano condenada a morir, pero ejecuta la contravención y se quita la vida antes de caer en manos de Creonte.

Tanto Antígona como su hermana Ismene son hijas de Edipo, cuya tragedia también fue escrita por Sófocles. El diferente tratamiento del destino que Sófocles pone en boca de cada uno de estos personajes es la verdadera base de la tragedia: Antígona va hacia su destino, lo acepta, sabe que va a morir y, con un estoicismo de potente contenido ético, que incluye un desafío a la autoridad absoluta, lo acata, lo asume y lo cumple. Por el contrario, su hermana teme, ve hacia otro lado, lo elude.

Edipo rey
Personajes

Edipo   Rey de Tebas.
Yocasta   Su esposa, viuda de Layo.
Creonte   Hermano de Yocasta.
Tiresias   Adivino, ciego, anciano.
Pastor   Antiguo criado de Layo.
Suplicantes
Sacerdote
Coro
Corifeo

Palacio con escalinata. Al pie de ésta, junto a una estatua de Apolo, un grupo de jóvenes que llevan ramos de olivo, sentados o de rodillas. Entre ellos, de pie, el sacerdote de Zeus. Sale Edipo de palacio y mientras baja las escaleras, despacio, se dirige a ellos.

Edipo: Hijos míos, vástagos recientes del antiguo Cadmo[1], ¿por qué esta actitud, aquí sentados, como suplicantes coronados por ramos de olivo?... A todo esto, la ciudad está llena de incienso, hasta rebosar de peanes y lamentos. Y yo, hijos, al que todos llaman el ilustre Edipo, no he tenido por justo enterarme de boca de mensajeros y he venido aquí en persona.
(Al sacerdote). Venga, anciano, habla, que te cuadra a ti tomar la palabra en representación de estos jóvenes: ¿con qué finalidad estáis aquí sentados? ¿Por temor, o acaso para hacer algún ruego? Mi voluntad es, decididamente, socorreros: sería en verdad bien despiadado si no me apenara esta actitud vuestra.

Sacerdote: Ya ves, Edipo, señor soberano de mi tierra, qué edad tenemos los que estamos junto a tus altares: ellos, un puñado escogido de jóvenes sin fuerza todavía para volar muy lejos, y yo, un sacerdote de Zeus al que pesan sus años. Y hay otros muchos grupos de gente coronada sentados en las plazas, ante los dos templos de Palas o cerca de la ceniza profética de Ismeno[2]. Porque la ciudad, como tú mismo sabes, está ya demasiado sumida en la agitación y no puede levantar aliviada la cabeza ante la avalancha de muertes: se consume en la tierra, en los frutos de los cálices; se consume en los rebaños de bueyes que pastan y en los hijos que no llegan a nacer de las mujeres. Se ha abatido contra la ciudad, la acosa, un dios armado de fuego, la peste, el más cruel enemigo; por él se vacía la casa de Cadmo y se enriquece el negro Hades, a fuerza de lamentos y de lloro. Ni yo ni estos muchachos que estamos aquí suplicantes pensamos que seas igual a los dioses, pero sí te juzgamos el primero de los mortales en las vicisitudes de la vida y en los avatares que los dioses envían; a ti, Edipo, que, llegado a esta ciudad, al punto la libraste del tributo que venía pagando a la dura cantora[3], y no porque nosotros te diéramos ningún indicio ni te instruyéramos en algo, sino —según se dice y es común opinión— porque la voluntad de un dios te puso en nuestra vida para que la enderezaras.

Y ahora, Edipo, tú, a juicio de todos el más fuerte, halla algún remedio para nuestros males: éste es el ruego que te hacemos, suplicantes, radique en algo que le hayas oído decir a un dios o en algo que sepas por un hombre. Bien sé yo que la experiencia se nota en los consejos, merced a las circunstancias de la vida. Ve, tú, el mejor de los hombres, lleva otra vez derechamente la ciudad y ten cuidado: hoy esta tierra te aclama como a su salvador, porque te preocupaste de ella; que no tengamos que recordar tu gobierno como una época en que nos levantamos firmes para caer hasta el máximo: no, lleva otra vez derechamente la ciudad, y de modo seguro. Entonces, bajo favorables auspicios, pudiste ofrecernos buena fortuna;

Edipo rey 17

pórtate como entonces, ahora. Y así, si realmente has de gobernar esta tierra, como de hecho la gobiernas, será mejor que tu gobierno sea sobre hombres, y no sobre la ciudad vacía, que no hay baluarte ni nave, no, de estar desiertos, de no habitar hombres dentro.

Edipo: ¡Pobres hijos míos! El deseo que habéis venido a traerme no me era desconocido, que ya lo sabía, pues bien sé que sufrís todos; mas, en vuestro sufrimiento, no hay quien sufra tanto como yo, porque vuestro dolor va sólo a uno –cada uno por sí mismo–, y no a otro, y mi corazón gime, en cambio, gime por la ciudad y por mí y por ti también. De forma que no os hayáis venido a despertarme de un sueño en que durmiera; habéis de saber que a mí me ha costado esto muchas lágrimas y que, en el ir y venir de mis cavilaciones, me ha llevado por muchos caminos. El único remedio que, tras considerado todo, pude hallar, éste he puesto en práctica: al hijo de Meneceo, a Creonte, mi propio cuñado, lo envié al oráculo pítico de Febo, para que preguntara con qué obras o con qué palabras puede salvar nuestra ciudad. Y estar ya a hoy, cuando cuento el tiempo que hace que se fue, me hace temer no le haya pasado algo. Hace que está fuera más tiempo del normal, más del que corresponde. Pero, cuando llegue, de no hacer yo todo cuanto el dios haya manifestado, entonces toda la culpa fuera mía.

Sacerdote: En buen momento has hablado: estos muchachos me hacen señas de que, ahora mismo, Creonte se acerca ya hacia aquí.

Creonte, que llega apresurado, se deja ver.

Edipo: ¡Oh, Apolo soberano! Si viniera en buena hora con la salvación, como parece indicar su luminoso rostro.

Sacerdote: Sí, a lo que parece, viene alegre; de no ser así no vendría con la cabeza coronada de este laurel florido.

Edipo: Al punto lo sabremos, que ya está cerca y puede oírme. *(A Creonte.)* Príncipe hijo de Meneceo, mi pariente: ¿cuál es el oráculo del dios que vienes a traernos?

Creonte: Excelente, porque hasta la desgracia, digo yo, de hallar una recta salida, puede llegar a ser buena fortuna.

Edipo: Pero, ¿qué es lo que ha manifestado? Porque lo que llevas dicho, con no asustarme, tampoco me da ánimos.

Creonte: Si quieres oírme en su presencia *(señalando a los suplicantes),* estoy dispuesto a hablar, como si quieres ir dentro.

Edipo: Habla aquí, en presencia de todos, que más aflicción siento por ellos que si de mi propia vida se tratara.

Creonte: Paso, pues, a decir la noticia que he recibido del dios. Con toda claridad el soberano Febo nos da la orden de echar fuera de esta tierra una mancha de sangre que aquí mismo lleva tiempo alimentándose y de no permitir que siga creciendo hasta ser incurable.

Edipo: Sí, pero, ¿con qué purificaciones? ¿De qué tipo de desgracia se trata?

Creonte: Sacando de aquí al responsable, o bien purificando muerte por muerte, a su vez, porque esta sangre es la ruina de la ciudad.

Edipo rey

Edipo: Pero, ¿la suerte de qué hombre denuncia así el oráculo?

Creonte: Señor, en otro tiempo teníamos en esta tierra como gobernante a Layo, antes de hacerte tú cargo de la dirección de Tebas.

Edipo: Lo sé, aunque de oídas, porque nunca le conocí.

Creonte: Pues bien, ahora el oráculo prescribe expresamente que los responsables de su muerte tienen que ser castigados.

Edipo: Pero, ellos, ¿dónde están? ¿Dónde podrá hallarse el rastro indiscernible de una culpa tan antigua?

Creonte: Aquí en esta tierra, ha dicho, y siempre es posible que uno se haga con algo, si lo busca, así como se escapa aquello de lo que uno no se cuida.

Edipo: Pero, Layo, ¿cayó herido de muerte en el palacio, en el campo o en otra tierra, acaso?

Creonte: Había salido a consultar el oráculo, según se dice, pero, desde el día en que salió, jamás ha vuelto a palacio.

Edipo: Pero, ¿ni un mensajero, ni un compañero de camino saben nada que podamos saber y que nos pueda ser útil?

Creonte: Murieron todos, excepto uno, solamente, que huyó amedrentado y sólo pudo contar con certeza, de lo que sabía, una cosa.

Edipo: ¿Cuál? Podríamos saber mucho más, por un indicio únicamente, con sólo que tuviéramos una base, por mínima que fuera, en qué fundamentar nuestra esperanza.

Creonte: Dijo que hallaron por azar unos salteadores y que ellos le mataron, no por la fuerza de uno sino uniendo todos sus manos.

Edipo: Pero, ¿cómo un bandolero, de no haber algo

tramado desde aquí, con dinero de por medio, habría llegado a tal grado de osadía?

Creonte: Esto fue lo que nos pareció, pero, muerto Layo, no apareció, en la desgracia, quien pensara en vengarle.

Edipo: ¿Qué desgracia pudo, caído así vuestro rey, impediros ponerlo todo en claro?

Creonte: La Esfinge, cuyos sutiles cantos nos exhortaban a fijarnos en lo que teníamos a nuestros pies sin preocuparnos de lo oscuro.

Edipo: Pues yo desde el principio reemprenderé la investigación y lo aclararé. Es digno de Febo, sí, y digno también de ti, que hayas puesto ahora esta solicitud en favor del muerto. Y es justo que en mí veáis a un aliado que sale en favor de esta tierra y del dios, juntamente. Yo alejaré esta mancha, y no por unos amigos lejanos, sino por mí mismo, porque sea quien fuere el asesino de Layo, podría ser que también contra mí quisiera, de modo parecido, tomarse venganza; es en mi beneficio, pues, que voy en socorro de Layo.

(A los jóvenes suplicantes.) Venga, muchachos, levantaos de estos peldaños y llevaos estas ramas de suplicantes; que otro convoque aquí a asamblea al pueblo de Cadmo por el que estoy yo dispuesto a hacerlo todo... O a vivir feliz a la vista de todos, con la ayuda de la divinidad, o a sucumbir.

Sacerdote: Va, pues, muchachos, levantémonos. Era por gracia de lo que el rey nos promete que habíamos venido. Y Febo, que nos ha mandado estos oráculos, quiera venir a salvarnos y a poner fin a la peste.

Edipo rey

Se van el sacerdote y los jóvenes. Entran Edipo y Creonte en palacio. Hace su entrada el coro de ancianos tebanos, la voz del pueblo en la asamblea que ha convocado Edipo.

Coro: Palabra dulcemente proferida de Zeus, ¿qué traes a la ilustre Tebas desde Pito rica en oro? La angustia tensa de mi espíritu, palpito de temor, dios de Delos que con gritos se invoca, salvador, y amedrentado me preguntó qué obligación nueva me impones que deba renovar en el renovarse de las estaciones. Dímelo tú, hija de la dorada Esperanza, voz inmortal.

A ti, hija de Zeus, inmortal Atena, te invoco primero, y a tu hermana Artemis, patrona de esta tierra, que tiene su glorioso trono en la redonda plaza de Tebas, y a Febo que hiere de lejos. Apareced los tres ante mí, venid en mi socorro. Si nunca, suscitado antes contra la ciudad cualquier castigo, habéis apartado de ella, lejos, la llama de la desgracia, venid también ahora.

¡Ay, ay, que son incontables los males que soporto! Todos los de mi grupo, sin excepción, están enfermos y ya el pensamiento no discurre arma alguna que pueda servirle a uno de defensa. Ya no crecen los frutos de esta tierra ilustre y las mujeres no salen ya de los dolores del parto, entre gritos. Verías, como aves de buenas alas, precipitarse, propagarse más que fuego irresistible, una sobre otra, las víctimas hacia la ribera del dios del ocaso[4].

Y Ares el brutal, que hoy, sin el ruido del bronce de los escudos, me abrasa, enfrentándome entre el griterío, que dé la vuelta y corra lejos de esta tierra, sea hacia el inmenso tálamo de Anfritite[5] sea hacia el continuo oleaje de la mar en Tracia que no permite que fondeen las naves. Si deja algo la noche, viene después el día y lo acaba. A él, a Ares, tú, padre Zeus, tú que gobiernas la fuerza de los ígneos relámpagos, fulmínalo bajo el poder de tu rayo.

Soberano licio[6] querría que de la cuerda de oro de tu arco salieran, invencibles, repartidas las flechas en mi socorro, para asistirme, y también las ígneas antorchas de Artemis con las que ella recorre, saltando, los montes de Licia. E invoco también al dios de dorada mitra, al que ha dado su nombre a esa tierra, a Baco de vinoso semblante que saluda con el *evoé*[7], al compañero de las ménades, para que venga, fulgurante con su antorcha resplandeciente, contra el dios que no tiene honra entre los dioses.

Ha aparecido Edipo y se ha detenido en lo alto de la escalinata de palacio para oír las últimas palabras del coro.

Edipo: Ruegas, pero si quieres prestar atención y acogida a mis palabras, y obedecer las órdenes de la peste, podrás hallar en respuesta a tus ruegos, remedio y alivio para tus males en lo que yo, ajeno a lo que diga, voy a decirte, ajeno también al crimen. Pues yo, por mí solo, sin indicios, no podría llevar lejos mi investigación. Por ello ahora, como el último que ha llegado a la ciudadanía, proclamo ante vosotros, todos, ciudadanos cadmeos, lo siguiente: quienquiera que de vosotros sepa por mano de quién murió Layo, hijo de Lábdaco, le ordeno que me lo indique, y, si teme por él mismo, que él mismo se aparte de la acusación, porque no ha de sufrir contratiempo alguno salvo el marcharse con garantías del país.

Edipo rey

Pausa y silencio.

Y si alguien sabe que el asesino ha sido otro, de otra tierra, que no calle, no, que yo he de recompensarle y añadir, además, mi agradecimiento.

Nueva pausa y nuevo silencio.

Pero si calláis, si alguno de vosotros, por temor, preserva de este cargo a un amigo o a sí mismo, conviene que me oigáis decir lo que he de hacer, en este caso: a este hombre, quienquiera que sea, yo prohíbo a todos los de esta tierra en que yo tengo poder y trono que le acojan; que nadie le hable, que no sea aceptado a participar con los demás en las súplicas y en los sacrificios a los dioses, que no tenga sitio en las purificaciones. Que todos lo excluyan de su familia como quien es para nosotros una mancha de sangre; según el oráculo de dios de Pito acaba de revelarme. Con estas órdenes entiendo demostrar mi alianza con el dios y con el muerto.
En cuanto al criminal, mis votos son para que, tanto si ha quedado oculto por haber obrado solo como si ha sido con el concurso de muchos, para que, malvado, pase su vida desgraciada de mala manera. Y pido aún que, si yo sabiéndolo, viviera junto al hogar de mi casa, conmigo, el criminal, que fuera yo víctima de las imprecaciones que acabo de pronunciar.
Esto es todo lo que os mando hacer, por mí mismo, por Apolo y por esta tierra que se consume, sin frutos, olvidada por los dioses, si aunque no os hubiera venido este aviso del cielo, no era justo que dejarais sin purificar este asunto; debíais haber investigado la

muerte de aquel excelente varón, rey vuestro. Pero yo, que tengo ahora el poder que él antes tuvo, que duermo en su lecho y siembro en la mujer que también fue suya, y que tendría con él comunes hasta los hijos, si su fortuna no se hubiera torcido en el linaje (pero es que la fortuna se lanzó contra su cabeza); por todas estas razones: yo, como si de mi padre se tratara [8] combatiré por él y llegaré a lo que sea, intentando atrapar al responsable de la muerte del hijo de Lábdaco, del linaje de Polidoro y, más allá, de Cadmo y todavía antes de Agenor.

Y a los que no cumplan mis órdenes, ruego a los dioses que no les crezca cosecha de su tierra ni hijos de sus mujeres les crezcan, sino que sucumban de más cruel destino, incluso, que el que ahora sufrimos; a los otros cadmeos, en cambio, a los que aprobáis mis órdenes, que Dike sea vuestra aliada y estén por siempre a vuestro lado los dioses todos.

Corifeo: Te hablaré, señor, según las imprecaciones en que me has cogido. Por mi parte, ni yo le maté ni puedo decir quién le mató. En cuanto a buscarlo..., Febo, que mandó este oráculo, bien podía haber dicho quién lo hizo.

Edipo: Justo es lo que has dicho, pero no hay hombre que capaz fuera de forzar a los dioses en algo que no quieran.

Corifeo: ¿Puedo decirte lo que me parece, en segundo lugar, de todo esto?

Edipo: Y hasta lo que te parece en tercer lugar. Habla sin vacilaciones.

Corifeo: Yo sé de un señor que ve hasta más que el señor Febo, y es Tiresias. Si alguien, señor, se dejara llevar

Edipo rey 25

por su consejo, podría sacar una opinión más clara sobre este asunto.

Edipo: En verdad que tampoco eso se ha quedado entre las cosas por hacer: por consejo de Creonte le he mandado llamar por dos servidores y hace ya rato que me extraña que todavía no haya comparecido.

Corifeo: (Como *para sí mismo*). Realmente, todos son dichos oscuros y antiguos.

Edipo: ¿Qué dichos? Me interesa escudriñar en todos ellos.

Corifeo: Murió, se ha dicho, por mano de unos caminantes.

Edipo: También yo oí esto, pero no he podido ver al que lo vio.

Corifeo: Pero si hay en él, aunque sea una pequeña parcela para el temor, no podrá resistir cuando sepa de tus imprecaciones.

Edipo: El que no tiembla ante una acción, menos se espanta por palabras.

Corifeo: Pero hay quien lo pondrá en evidencia. Estos servidores traen ya al divino profeta, el único entre los hombres para quien la verdad es cosa innata.

Entra Tiresias, anciano y ciego, llevado por un muchacho y entre dos servidores de Edipo.

Edipo: Oh, tú, Tiresias, que todo saber dominas, lo que puede enseñarse y lo inefable, lo celeste y lo arraigado en tierra: aunque no puedes ver, tú sabes sin embargo de qué enfermedad es víctima Tebas. No hallamos sino a ti, señor, que puedas defenderla y salvarla. El caso es, si no te has enterado ya por mis mensajeros, que Febo ha enviado, en respuesta a nuestra embajada, la contestación de que el único remedio que puede venir contra la peste es que lleguemos a saber quiénes fueron los asesinos de Layo y les matemos o bien les echemos lejos de esta tierra. Tú, pues, no desdeñes, no, ni los anuncios de las aves ni ningún camino de adivinación, el que sea, para liberarte a ti y a la ciudad, para liberarme a mí, para liberarnos de la culpa de sangre de su muerte. En tus manos estamos. Ayudar a un hombre con lo que tiene o puede es la más bella fatiga.

Tiresias: ¡Ay, ay, qué terrible es saber algo, cuando ello no puede ayudar al que lo sabe! Bien sabía yo esto, mas debí olvidarlo, que, si no, no fuera aquí venido.

Edipo: ¿Cómo? ¿Así desanimado vienes?

Tiresias: Déjame volver a mi casa. Mejor soportarás tú tu destino y yo el mío, si me haces caso.

Edipo: No es justo que así hables: no demuestras tu amor a esta ciudad que te ha visto crecer, si la privas de tu vaticinio.

Tiresias: No veo, no, que lo que dices vaya por el camino conveniente. Y así, para que no me pase a mí lo mismo...

Edipo: No, por los dioses: si algo sabes, no te vayas. Míranos a todos ante ti postrados, suplicantes.

Tiresias: Sí, todos, porque no sabéis... No, no pienso revelar tu desgracia (también podría decir la mía).

Edipo: ¿Qué dices? ¿Sabes algo y no lo dirás? ¿Piensas acaso traicionarnos y ser la ruina de la ciudad?

Tiresias: No quiero hacerme daño, ni hacértelo a ti... ¿Para qué insistir en vano? De mí no sabrás nada.

Edipo: ¡Oh tú, el más malvado de los malvados, que irritarías hasta a uno de carácter tan imperturbable

Edipo rey

como una roca!, ¿no dirás nada? ¿Serás capaz de mostrarte tan duro e inflexible?

Tiresias: Criticas mi obstinación, pero sin advertir la que tú llevas dentro, y llegas a vituperarme.

Edipo: ¿Quién podría no irritarse oyendo estas palabras con que tú deshonras a Tebas?

Tiresias: En todo caso, y aunque yo lo encubra con mi silencio, llegará por sí mismo.

Edipo: Siendo así, si ha de llegar, te conviene decírmelo.

Tiresias: Ya no diré más nada. Ante esto, si quieres, gasta la ira más salvaje que haya en tu corazón.

Edipo: Pues bien, ya que estoy irritado no dejaré de decir nada de lo que entiendo. Sabe que yo creo que tú tramaste el crimen, y que tú lo hiciste, aunque por tus manos no mataras. Con todo, si fueras vidente, diría que fuiste tú solo el que lo hiciste.

Tiresias: ¿Con que sí, eh? Pues he de decirte que te apliques el decreto que antes promulgaste y que no nos dirijas la palabra, ni a éstos ni a mí, porque tú eres quien ha derramado la sangre que mancha a esta ciudad.

Edipo: ¡Si has de ser sinvergüenza, para poner en movimiento palabras como éstas: y luego, ¿qué escapatoria piensas tener?

Tiresias: La tengo ya: la fuerza de la verdad que en mí vive.

Edipo: ¿Sí? Y ¿quién te la ha enseñado? No es cosa de tu oficio.

Tiresias: Tú mismo, que me forzaste a hablar contra mi voluntad.

Edipo: ¿Y qué dijiste? Dilo de nuevo para que mejor lo sepa.

Tiresias: ¿No te enteraste antes? ¿Estás tentándome para hacerme hablar?

Edipo: No tanto que pueda decir que lo he entendido. Dilo otra vez.

Tiresias: Digo que el asesino que buscas, el del rey, eres tú.

Edipo: Estos horrores no los dirás dos veces con la misma alegría.

Tiresias: ¿Puedo añadir a lo ya dicho algo, para irritarte más?

Edipo: Cuanto te plazca, que todo lo que digas será en vano.

Tiresias: Pues digo que, sin tú saberlo, vives en vergonzoso trato con los que más amas, y que no te das cuenta del grado de miseria a que has llegado.

Edipo: Pero, ¿tú crees que podrás hablar siempre en este tono, tan contento?

Tiresias: Sí, al menos si la verdad tiene alguna fuerza.

Edipo: La tiene, excepto para ti; y para ti no tiene porque tú eres ciego, de ojos y también de oído y de cabeza.

Tiresias: ¡Ay, pobre, y que des en insultarme con las palabras con las que no habrá nadie, dentro de poco, que no te insulte a ti!

Edipo: Te alimentas sólo de noche, de forma que no puedes hacernos daño ni a mí ni a nadie que vea la luz.

Tiresias: En fin, no es mi destino que caigas por mí; ya basta con Apolo que se preocupa de ello.

Edipo: Y estos descubrimientos, ¿son de Creonte o de quién?

Tiresias: No, no es Creonte, sino tú mismo, tu ruina.

Edipo: ¡Oh, riqueza y gobierno! ¡Oh, arte que todas las artes sobrepasa en ese cúmulo de rivalidades que es la vida! Cuán grande es la envidia que guardáis vosotros, si por este gobierno que la ciudad me puso en las manos, regalado, sin yo pedirlo: si por él Creonte, desde el principio mi amigo de confianza, viene a mí ocultamente y con deseo de herirme sobornando a un mago como éste, urdidor de intrigas, charlatán insidioso que sólo tiene ojos para las ganancias, pero que es ciego para su arte. *(A Tiresias.)* Sí, porque, si no, dime: ¿cuándo fuiste tú un cabal adivino? ¿Cómo no dijiste a los ciudadanos, cuando estaba aquí, con sus canciones, la perra[9], de qué forma se librarían de ella? Y sin embargo, el enigma no era como para que lo descifrara el primero que llegase, sino que necesitaba de adivinación, arte del que tú demostraste no saber nada, ni de los pájaros ni de ningún dios. Tuve que venir yo, Edipo, que nada sabía, y hacerla callar porque mi razón me llevó por buen camino, y sin saber nada por ningún pájaro. Y ahora tú intentas expulsarme y ya te ves en el lugar de honor al lado del trono de Creonte, pero me parece que tú y el que contigo ha tramado esto vais a pagar con lágrimas estas expulsiones. De no parecerme un pobre viejo, yo haría que, a fuerza de sufrimiento, cobrases conciencia de tu malicia.

Corifeo: Nosotros pensamos que sus palabras han sido airadas como –nos parece– también las tuyas, Edipo. Y conviene que miremos las cosas, no así sino de la manera como mejor resolvamos los divinos oráculos.

Tiresias: Tú eres rey, cierto, pero has de considerarme tu igual a la hora de responderte, punto por punto, porque también yo tengo poder y no vivo sometido a ti, sino a Loxias[10], como esclavo; de modo que no me verás inscrito entre la clientela de Creonte. A tus insultos sobre mi ceguera respondo: tú tienes, sí, ojos, pero no ves el grado de miseria en que te encuentras ni dónde vives ni en la intimidad de qué familiares. ¿Sabes quiénes fueron tus padres?... E ignoras que eres odioso para los tuyos, tanto vivos como muertos. Pronto la maldición de tu madre y de tu padre, de doble filo, vendrá, terrible, a echarte de esta tierra; ahora ves bien, pero entonces no verás sino sombra. Cuando sepas las bodas en que, como en viaje sin posible fondeo de la nave, te embarcaste, después de una feliz travesía, ¿qué lugar no será el puerto de tus gritos? ¿Qué Citerón[11] no devolverá tu voz? Tampoco sabes nada de la avalancha de otros males que os han de igualar, a ti contigo, contigo a tus hijos. Después de esto, puedes ensuciarnos lo que quieras, a Creonte y a mis oráculos. Ningún hombre ha de pasar una más desgraciada existencia que tú.

Edipo: *(Al coro).* ¿No es insufrible oír esto de labios de éste? *(A Tiresias).* Vete en mala hora, y rápido. Date la vuelta y márchate por donde has venido. Lejos de este palacio.

Tiresias: Si no me hubieras llamado, no hubiera yo venido.

Edipo: No sabía, no, que ibas a decirme locuras; si no, me habría tomado tiempo, antes de hacerte venir.

Tiresias: Sí, yo soy, según tú dices, un loco, pero para los padres que te dieron vida mi inteligencia tenía valor.

Edipo: ¿A quiénes te refieres? ¡Espera! ¿Quién fue mi padre?

Tiresias: El día de hoy te hará nacer y te matará.

Edipo: ¡Qué enigmático, qué oscuro, todo lo que dices!

Tiresias: ¿No eras bueno, tú, para encontrar salida a los enigmas?

Edipo rey 31

Edipo: Ya puedes, ya, injuriarme con cuantos motivos halles.

Tiresias: Y, con todo, tu misma buena suerte te ha perdido.

Edipo: Pero, ¿qué importancia tiene esto, si logré salvar a Tebas?

Tiresias: Me voy. *(Al muchacho que le guía).* Tú, hijo, ven a acompañarme.

Edipo: Eso es, que te acompañe, que aquí ante mí, presente, me molestas; cuando hayas desaparecido no me apenaré mucho, no.

Tiresias: Me marcho habiéndote dicho aquello por lo que vine, sin haber temido tu semblante, porque tú no tienes forma de perderme. Y te lo advierto, el hombre al que buscas con amenazas y decretos sobre la muerte de Layo está aquí. Pasa por ser un extranjero que vive entre nosotros, pero después se verá que es tebano, aunque esta ventura no ha de alegrarle. Será ciego aunque antes ha visto, y pobre, en vez de rico, y tanteando ante sí con un bastón se encaminará a extrañas tierras. Se verá que era a la vez hermano y padre de los hijos con que vivía, hijo y esposo de la mujer de que había nacido y que, asesino de su padre, en su propia mujer había sembrado. Cuando entres, medita estos oráculos y, si me coges en una mentira, puedes decir que tengo inteligencia para vaticinios.

Coro: ¿Quién: ¿a quién la profética roca de Delfos[12] ha designado como habiendo cometido, con sus criminales manos, crímenes nefandos entre los nefandos que haya? Hora es ya de que el tal se dé a la fuga moviendo un pie tan poderoso, en su rapidez, como el de las yeguas que corren como el huracán. Porque, armado con fuego y relámpagos, contra él corre el hijo de Zeus. Y, terribles, le siguen las diosas de la muerte que no erran su golpe.

De la cumbre del Parnaso [13] nevado ha relucido la orden manifiesta: que al criminal, que no sabemos quién es, todavía, se le siga la pista, de todas las maneras; ahora vaga por el salvaje bosque, por cavernas y rocas, como un toro. Mísero, solitario, con mísero pie intenta eludir los oráculos que han brotado del ombligo en mitad de la tierra [14], pero los oráculos vuelan a su alrededor en su interminable vigencia.

Terrible, terrible es la agitación que me infunde el sabio intérprete de las aves; no digo que sí ni que no: no sé qué decir: en alas de mi ansia espero, pero sin ver nada, ni en el presente ni en el pasado: entre los Labdácidas [15] y el hijo de Pólibo, ¿qué rivalidad podía haber? Ni antes ni ahora he recibido información alguna por la que ir a probar la bien establecida fama de Edipo ni constituirme en vengador de unas oscuras muertes de Labdácidas.

Zeus y también Apolo son, en su lucidez, buenos conocedores de la naturaleza humana. Verdaderamente, no es cosa resuelta que, entre los hombres, vaya más lejos que yo un adivino: puede un hombre, con inteligencia, ir más allá de la inspiración; en todo caso, nunca querría yo, antes de estar cierto en la rectitud de algo que se haya dicho, oponerme con un aserto a los que consuran. Lo que está claro es que a él se enfrentó una vez la doncella alada, y que, en la prueba, todos le vimos sabio y bien dispuesto para con la ciudad; por ello nunca mi corazón le imputará un crimen.

Entra en escena Creonte, agitado.

Creonte: Ciudadanos, he sabido que el rey Edipo me ha acusado con terribles, insoportables palabras; por ello estoy aquí, porque si, en la actual desventura, cree que, de palabra o de obra, le he perjudicado yo en su detrimento, entonces no deseo, bajo el peso de un tal descrédito, que sean muchos los años de mi vida. Porque esto que ha sido me perjudica, no en el simple plano de mi vida privada, sino, mayormente, y como malvado aparezco a tus ojos, a los ojos de mis amigos.

Corifeo: Ten en cuenta que estos insultos vinieron, seguramente, más bien forzados por la ira que tras sensata reflexión.

Creonte: Pero, ¿él manifestó claramente que el adivino mentía para servir a mis planes?

Corifeo: Esto se ha dicho, sí, pero no sé con qué fundamento.

Creonte: Pero, ¿miraba recto? ¿Era capaz de pensar derechamente cuando lanzó contra mí esta acusación?

Corifeo: No sé: para lo que hacen mis superiores no tengo ojos. Pero mira: el en persona sale del palacio.

Aparece Edipo en el umbral de palacio.

Edipo: *(A Creonte).* Tú, dime cómo te has atrevido a volver aquí: ¿con qué rostro, audacísimo, te presentas en mi casa, tú, convicto asesino de este hombre *(señalándose a sí mismo)*, evidente ladrón de mi realeza? Venga, por los dioses, habla: ¿habías visto en mí algún signo de debilidad o de estupidez que motivara esta decisión tuya? ¿Pensabas acaso que, serpeando con astucia, no iba yo a conocer tu propósito, o que, en caso de conocerlo, no iba a defenderlo? ¿No es loca empresa, este tu ir a la caza de la realeza sin el pueblo, sin amigos, cuando es con el pueblo y sus amigos que se consigue?

Creonte: ¿Sabes qué has de hacer? Escucha, como yo te he escuchado a ti, la respuesta que he de dar a tus palabras, y cuando me hayas oído, juzga tú mismo.

Edipo: Tu eres bueno hablando, pero yo soy malo para oírte, porque en ti he descubierto una grave hostilidad hacia mi persona.

Creonte: A propósito de esto, empieza por escuchar lo que tengo que decirte.

Edipo: A propósito de esto, si es para negar tu maldad, ni me hables.

Creonte: Si crees que la arrogancia, sin reflexión, es un bien, no piensas rectamente.

Edipo: Si piensas que un hombre que obre mal, por ser mi pariente, no va a tener su castigo, no piensas bien.

Creonte: En eso concuerdo contigo en que has hablado justamente, pero explícame cuál es el mal que de mí dices sufrir.

Edipo: ¿Fuiste tú, o no, el que me convenció de la necesidad de mandar llamar al venerable adivino?

Creonte: Sí, y todavía ahora persevero en esta opinión.

Edipo: ¿Y cuanto tiempo ha pasado ya desde que Layo...

Creonte: Desde que Layo hizo ¿qué? No te entiendo.

Edipo: ...desde que desapareció mortalmente agredido?

Creonte: Muchos y largos años pueden contarse, desde entonces.

Edipo: Y, entonces, el adivino ése ¿practicaba ya su arte?

Creonte: Con igual sabiduría y por todos igualmente respetado.

Edipo rey

Edipo: ¿Y se refirió a mí en algún modo, durante aquel tiempo?

Creonte: No, en absoluto, al menos en mi presencia.

Edipo: Pero, ¿no hiciste una investigación sobre el asesinato?

Creonte: La hicimos, ¿cómo no?, pero sin obtener respuesta.

Edipo: ¿Cómo, pues, él, tan sabio, no habló entonces?

Creonte: No sé; y sobre lo que no puedo opinar, prefiero guardar silencio.

Edipo: Lo que sabes y podrías decir, con buen conocimiento de causa es lo siguiente...

Creonte: ¿Qué? Si lo sé no he de negar mi respuesta.

Edipo: ... por qué razón, de no haber venido ahora tras acordarse contigo, no habló entonces de mi asesinato de Layo.

Creonte: Si él habla de esto, tú sabrás por qué. Pero ahora, justo es que yo te interrogue a ti, como tú has hecho conmigo.

Edipo: Ya puedes preguntar, que no he de ser hallado convicto de asesinato.

Creonte: Pues bien, ¿no estas tú casado con mi hermana?

Edipo: No hay forma de contestar que no a esta pregunta.

Creonte: Y tu reinado sobre este país, ¿lo ejerces en paridad con ella?

Edipo: Ella consigue de mí cuanto le place.

Creonte: Y yo, el tercero, ¿no soy considerado igual a vosotros dos?

Edipo: En este justo punto apareces como un mal amigo.

Creonte: Verías que no si me dejaras hablar como yo te he dejado a ti. Primero considera esto: ¿crees tú que alguien iba a preferir el poder con las inquietudes que comporta, a dormir tranquilo pudiendo también gobernar? Yo, por lo menos –y como yo cualquier persona de buen juicio–, no he nacido con el deseo de ser rey, sino con el de poder obrar como un rey. Ahora, de ti y sin inquietudes, obtengo todo lo que quiero; si fuera rey, en cambio, a menudo tendría que actuar contra mi voluntad. ¿Como, pues, puede gustarme más ser rey que tener un mando y una autoridad sin penalidades? Aun no ando tan errado que posponga a otras cosas unos bienes que redundan en mi provecho; ahora puedo saludar a todo el mundo y todos me saludan con amabilidad, ahora todos los que necesitan algo de ti acuden a mí: para ellos, acudiendo a mí todo puede conseguirse. Y bien, ¿cómo voy a dejar yo esto para hacerme con eso otro? No, no puede un mal cerebro razonar con prudencia, y yo, ni soy de la clase de los que pueden enamorarse de una idea así ni me hubiera atrevido, nunca, a aliarme con nadie que obrara de este modo. Y si quieres una prueba de esto, ve a Pito y entérate de si te he transmitido bien el oráculo; y además esto: si descubres que yo he tramado algo en común con el adivino, me condenas a muerte, pero no por un solo voto, sino por dos, el tuyo y el mío; pero, por una simple sospecha, e incierta, además, no me inculpes. Porque ni es justo creer, sin fundamento, que los malos son buenos ni que los buenos son malos, que, en mi opinión, igual es perder un buen amigo que perder el más preciado bien, la propia vida. Con el tiempo aprenderás esto con certeza: que sólo los años enseñan si es justo un hombre, pero que, al malvado, puedes conocerle en no más de un día.

Corifeo: Ha hablado bien, señor, si hablaba a quien toma

Edipo rey

precauciones para no caer: tomar ideas apresuradas no es lo más seguro.

Edipo: Si uno trama en la sombra contra mí, veloz, también yo he de tomar decisiones rápidas, porque, si me quedo quieto y tranquilo, él tal ya lo habrá hecho todo y yo me habré equivocado.

Creonte: ¿Qué quieres, pues? ¿Echarme de esta tierra?

Edipo: No, lo que quiero es tu muerte, y no tu destierro.

Creonte: Cuando pongas en claro la razón de tu odio.

Edipo: ¿No puedes hablar como un súbdito sumiso?

Creonte: Es que no veo que lleves razón.

Edipo: La mía, por lo menos.

Creonte: Pero igual hay que considerar también la mía.

Edipo: Tú naciste malvado.

Creonte: ¿Es que no comprendes nada?

Edipo: Es igual: hay que obedecer.

Creonte: Pero no a un mal gobernante.

Edipo: ¡Oh, ciudad, ciudad de Tebas!

Creonte: También yo tengo mi parte en Tebas; no es sólo tuya.

Corifeo: ¡Calma, príncipes, calma! Veo que a propósito sale ahora del palacio Yocasta y conviene que ella ponga en su lugar la riña que tenéis entablada.

Sale Yocasta de palacio.

Yocasta: ¿A qué viene, insensatos, esta absurda querella que vuestras lenguas han suscitado? ¿No os da vergüenza airear aquí, ante esta tierra así apestada, vuestras rencillas privadas? Tú, Edipo, entra en casa, y tú a la tuya, Creonte, no vayáis a hacer un gran dolor de algo tan nimio.

Creonte: Hermana: Edipo, tu esposo, me cree capaz de

haber hecho terribles actos, y de dos penas –sacarme de la tierra patria, cogerme para matarme– ya tiene una decidida.

Edipo: Lo confirmo, sí, porque le he descubierto, esposa, atentando contra mi persona con malas artes.

Creonte: ¡Que no reciba ni una alegría mas, que muera yo maldito, si he realizado uno solo de los hechos que tú me imputas!

Yocasta: Por los dioses, Edipo, confía en lo que dice, máxime por respeto a su juramento, garantes los dioses, y, después, por respeto a mí y a éstos que están presentes.

Corifeo: Déjate persuadir de grado y con lucidez, señor, te ruego.

Edipo: ¿En qué quieres que ceda?

Corifeo: Respeta a este hombre que antes no ha hablado como un niño y que ahora, por su juramento, es sagrado.

Edipo: ¿Tú sabes lo que quieres?

Corifeo: Lo sé.

Edipo: Justifica lo que dices.

Corifeo: Es tu pariente y con juramentos se ha comprometido: no le hagas un cargo de deshonor basado en una culpa que no se ha expresado con claridad.

Edipo: Sepas bien que con intentar lograr esto buscas mi muerte o mi destierro de Tebas.

Corifeo: No, por el dios que de todos los dioses es caudillo, el Sol. Que muera yo del todo abandonado por los dioses y por los amigos, hasta el extremo, si tengo esta idea. Pero, desgraciado de mí, esta tierra que se consume aflige mi ánimo y especialmente cuando veo que a los males que sufre de hace tiempo añadís otros vosotros dos.

Edipo rey

Edipo: Que se vaya, pues, aunque haya de costarme hasta la vida o la honra, si con violencia soy arrojado de este país: me conmueven tus razones, que mueven a piedad, y no las suyas, pues a él, donde quiera que esté, yo he de odiarle.

Creonte: Ya se ve, ya, que cedes cargado de odio, pero cuando se apacigüe tu ira ha de pesarte. Las naturalezas como la tuya son, y con razón, dolorosas de soportar hasta para los que las tienen.

Edipo: ¿No me dejarás en paz, yéndote de Tebas?

Creonte: Ahora me voy. Tú me habrás desconocido, pero para éstos *(señalando al coro)* soy el de siempre.

Sale Creonte.

Corifeo: Yocasta, ¿qué esperas para acompañarme *(señalando a Edipo)* dentro de palacio?

Yocasta: Cuando sepa qué ha sucedido.

Corifeo: Cosas que parecían, por confusas palabras; pero también la injusticia hiere.

Yocasta: ¿De ambas partes?

Corifeo: Sí.

Yocasta: ¿Y sobre qué tema?

Corifeo: ¡Basta! Me parece a mí, en la tribulación que pasa este país, que ya hay bastante: donde ha cesado la cuestión, que allí se quede.

Edipo: ¿Has visto adónde llegas, tú, hombre de rectas opiniones, negligiendo mi causa y ablandando mi corazón?

Corifeo: Ya te he dicho, señor, y no una sola vez, que sería –has de saberlo– incapaz de razonar, insensato, si abandonara tu causa, porque tú, cuando mi querida tierra se agitaba entre penas, le enderezaste por el camino recto; guíala también ahora por buen camino, si está en tu mano.

Yocasta: Por los dioses, explícame, señor, qué razón tiene esta cólera que has levantado.

Edipo: Te lo diré porque a ti te respeto más que a estos ancianos; la razón es Creonte, porque había tramado un complot contra mí.

Yocasta: Habla para que por tus palabras sepa si puedes inculparle esta disputa sin lugar a dudas.

Edipo: Que dice que yo soy el asesino de Layo.

Yocasta: ¿Lo sabe por él mismo o porque se lo haya dicho algún otro?

Edipo: Para tener en todo libre de culpa su boca me ha enviado al pérfido adivino.

Yocasta: Si es por esto que has dicho, presta atención y absuélvete; piensa que este arte de adivinar no es cosa de hombres; en pocas palabras te daré pruebas evidentes: en otro tiempo le llegó a Layo un oráculo, no diré de labios del propio Apolo sino de sus ministros: que su destino sería morir en manos de un hijo suyo, de un hijo que nacería de mí y de él; en cambio, a él le dieron muerte, según se ha dicho, unos salteadores extranjeros en una encrucijada de tres caminos; en cuanto a su hijo, no había pasado tres días de su nacimiento que ya él le había unido los pies por los tobillos y, por mano de otros, a un monte desierto le había arrojado; tampoco entonces cumplió Apolo que el hijo sería el asesino de su padre y Layo no sufrió de su hijo el terrible desmán que temía. Y, con todo, así lo habían prescrito las voces del oráculo; de modo que no debes hacer caso de esto: las cosas cuyo cumplimiento busca un dios, él mismo te las revelará.

Edipo rey

Edipo: ¡Qué desconcierto, qué agitación en lo más hondo se acaba de apoderar de mí, después de oírte!

Yocasta: ¿En virtud de qué preocupación dices esto? ¿A qué mirar ahora hacia el pasado?

Edipo: Es el caso que me ha parecido oírte decir que Layo halló la muerte en la encrucijada de tres caminos.

Yocasta: Esto es lo que se difundió y lo que siempre se ha dicho, desde entonces.

Edipo: ¿Y en qué tierra fue que sucedió esto?

Yocasta: En la tierra llamada Fócide, en la encrucijada en que se encuentran los caminos que vienen de Delfos y de Daulia.

Edipo: ¿Y cuánto tiempo hace que pasó todo esto?

Yocasta: Se pregonó por la ciudad poco antes de reconocerse tu poder sobre este país.

Edipo: ¡Oh, Zeus!, ¿qué tienes pensado hacerme?

Yocasta: ¿Por qué te tomas esto tan a pecho, Edipo?

Edipo: Aún no me preguntes, y Layo, dime qué aspecto tenía, cuántos años, entonces.

Yocasta: Era alto y en su cabeza comenzaban a aparecer las canas; de figura no era muy distinto a ti [16].

Edipo: ¡Ay de mí, desgraciado! Me parece que las terribles imprecaciones de hace un rato las lancé, sin saberlo, contra mí mismo.

Yocasta: ¿Cómo dices? No me atrevo ni a mirarte, señor.

Edipo: Terrible desánimo me entra de pensar que el adivino ve claro. Pero podrás informarme mucho más si me dices, aún, una sola cosa.

Yocasta: También yo vacilo, pero pregúntame y si sé te contesto.

Edipo: ¿Cómo viajaba? ¿Como persona insignificante o

bien cual corresponde a quien tiene el poder, con abundante séquito de gente armada?

Yocasta: En total eran cinco, y entre ellos había un heraldo; llevaban un solo carruaje en el que viajaba Layo.

Edipo: ¡Ay, ay, que esto ya es diáfano! Y dime, mujer, ¿quién fue que vino entonces a narraros esto?

Yocasta: Un criado, el único que pudo volver sano y salvo.

Edipo: Y ahora, ¿vive aún en palacio?

Yocasta: No, que cuando llegó aquí y, tras la muerte de Layo, te vio a ti en el poder, me suplicó, cogiéndome de la mano, que lo enviáramos al campo, a pastorear ganado, porque cuanto más lejos estuviera de la ciudad, para no verla, sería mejor. Y yo lo mandé al campo: era un esclavo, pero hombre que se merecía este favor y más que hubiera pedido.

Edipo: ¿Podría hacérsele regresar, y rápido?

Yocasta: Sí, es posible, pero ¿adónde lleva esta pesquisa?

Edipo: Es que temo, mujer, no haber hablado mucho, demasiado; por esto quiero verle.

Yocasta: Pues vendrá, pero también yo merezco saber qué hay en ti que te atormenta, señor.

Edipo: No te privaré de saberlo, llegado a este punto de desesperanza; si he venido a parar aquí por el destino, ¿a quién mejor que a ti podría explicárselo?

Pausa y silencio.

Es mi padre Pólibo, de Corinto, y mi madre Mérope, doria. En Corinto era yo considerado como un buen ciudadano de los más principales, hasta que me sobrevino un caso que justificaba, sí, mi sorpresa, pero no seguramente que me preocupara tanto por él. En un banquete, un hombre que había bebido demasiado, bajo los efectos del vino, me llamó hijo supuesto de mi padre. Yo acusé el golpe y, aunque a duras penas, me contuve aquel día, pero, al siguiente, me fui corriendo a mi padre y a mi madre y les interrogué: ellos llevaron a mal lo que se había dicho y lo consideraron un insulto de borracho: a mí me alegraron sus palabras, pero aquel hecho continuó mortificándome, socavándome mucho. Por fin, a escondidas de mi madre y de mi padre, tomo el camino de Pito, y Apolo me deja ir sin responder a lo que yo deseaba, pero bastante aclara mi mísero destino respondiendo un terrible, horroroso vaticinio, que había de dormir con mi madre y poner ante los ojos de los hombres una raza execrable, y que había de matar al padre que me engendró. Yo, después de oír esta respuesta, me doy a la fuga, siempre midiendo la distancia que me separa de la tierra de Corinto, al azar de los astros, a lugares adonde no vea nunca realizarse las desgracias de aquel funesto oráculo... En mi camino, llego a un lugar como éste en que tú dices que fue asesinado el rey Layo... *(Baja la voz, tembloroso).* Y a ti, mujer, te diré la verdad. Cuando estaba yo cerca de la encrucijada que has dicho, un heraldo y tras él un hombre que iba en un carro tirado por potros, un hombre como el que tú describes, se me acercan de frente. Y el heraldo que va abriendo paso y el anciano quieren por fuerza echarme del camino; yo, airado, le doy un golpe al hombre que me apartaba, al conductor, pero el anciano, al verme, cuando paso por el lado del carro en mitad de la cabeza me golpea con las dos puntas de su fusta. No recibe de mí la misma pena, sino que, al punto, golpeado por un bastón que sostenía ésta mi mano, cae de bruces en mitad del carro y luego rueda hasta el suelo... Di muerte a todos. Y, si este desconocido tiene algún parentesco con Layo, ¿qué hombre hay más mísero que éste *(señalándose a sí mismo),* en estos momentos? ¿Podría haber hombre más aborrecido por los dioses? Porque, si esto es así, no puede haber ni extranjero ni ciudadano que me reciba en su casa y me dirija la palabra: todos me han de sacar de su casa, y nadie más que yo, contra mí mismo, me habré maldecido de este modo; y con estas dos manos mías ensucio el lecho del muerto, si por ellas ha hallado muerte. ¿Soy un criminal?... ¿Qué hay en mí puro, decidme, si tengo que exiliarme y en el exilio no puedo ir a ver a los míos ni acercarme a mi patria, si no es con el riesgo de entrar en el lecho de mi madre y matar a Pólibo, mi padre, que me engendró y crió? Si alguien dijera que esto es obra de una cruel divinidad, ¿no acertaría, tratándose de mí?... ¡No, no, santidad venerable de los dioses, que no vea nunca este día! Antes de irme del mundo de los hombres, desaparecer, antes de ver que me ha sobrevenido la mancha de una tal desgracia.

Corifeo: Príncipe, a nosotros esto nos angustia, pero hasta que no tengas, por el que allí estuvo presente, la certeza, ten esperanza.

Edipo: Sí, es la única esperanza que me queda: este hombre, este pastor, si viene.

Yocasta: Y para cuando esté presente, ¿qué deseas?

Edipo: Te lo explicaré: si hallo que dice lo mismo que tú, ya me habré desentendido de mi angustia.

Yocasta: Y yo, ¿qué he dicho que tanto te interese?

Edipo rey 45

Edipo: Tú has hablado de unos salteadores que, según él decía, le mataron. Si él se mantiene que eran varios, entonces no le maté yo, porque no es posible que uno solo sea igual que muchos... Pero si habla de un solo hombre, de un caminante que iba solo, entonces es de toda evidencia que hacia mí se inclina la balanza de este crimen.

Yocasta: Pues esto es y ya lo sabes, lo que dijo, y no puede ahora hacerse atrás en esto: que toda la ciudad lo oyó y no yo sola. E incluso si no mantiene lo que antes dijo, no por ello será la muerte de Layo congruente, al menos, con el oráculo por el que Loxias dijo que había de morir asesinado por un hijo mío. Y, sin embargo, no pudo él, pobre niño, matarle, porque murió antes. Es por eso que nunca me verás a mí mirar ni a derecha ni a izquierda, por causa de un augurio [17].

Edipo: Es buena tu opinión..., pero, con todo, a este labriego, no dejes de enviar a alguien que lo traiga.

Yocasta: En seguida enviaré por él, que no sabría hacer yo nada que no fuera de tu agrado. Pero entremos en palacio.

Entran y queda solo, en escena, el coro.

Coro: Fuera mi destino demostrar una santa pureza en mis palabras y en todos mis actos. Leyes de alto vuelo rigen para ellas, leyes que han nacido allí arriba, en el celeste éter, y cuyo único padre es el Olimpo, que no las engendró el hombre, de naturaleza mortal, y que nunca logrará el olvido adormecer. Porque en ellas hay un dios poderoso, un dios que no envejece.

La soberbia engendra al tirano, la soberbia, si vanamente se ha llenado de cantidad de cosas ni oportunas ni convenientes: como quien se ha subido en lo alto de un alero y dura necesidad le lanza adonde no puede servirse de sus pies para huir. Pero, la lucha por el bien de Tebas, ruego a la divinidad que nunca la afloje; a la divinidad que nunca dejará de tener como patrona [18].

Pero si uno va por el mundo con soberbia en sus obras o en sus palabras, sin temer a Dike, sin respetar la sede de los dioses, éste, que se vea presa de un funesto destino por gracia de su desgraciada arrogancia, si injustamente gana sus ganancias, si no se priva de sacrilegios o, en su locura, si pone mano en lo intocable. ¿Qué hombre, en tales circunstancias, podrá defenderse de los dardos de los dioses, preservando su vida? Si hechos como los que he dicho pueden merecer honor, ¿por qué he de formar coros, yo? [19]

No, nunca más iré, respetuoso al intangible ombligo [20] de la tierra ni al templo de Abas ni al de Olimpia, si estos oráculos no se cumplen y todos los mortales han de poder señalarlos con el dedo. Oh, poderoso, si con razón te oyes llamar así, Zeus, señor de todo, no permitas que esto se te oculte, a ti y a tu sempiterno gobierno. Se han consumido los oráculos antiguos de Layo, todos se desentienden de ellos y Apolo no se hace visible a nadie, por más que se le ruegue: se desmorona la fe de los dioses.

Sale Yocasta con una esclava.

Yocasta: Principales del país, me ha venido la idea de ir a los templos de los dioses a llevarles, de mi propia mano, estas guirnaldas y perfumes; toda clase de angustias en demasía asaltan el ánimo de Edipo, y en lugar de hacer como un hombre prudente, que lo nuevo conjetura por lo ya pasado, se hace partidario del primero que hable, con tal que hable de temores. En vista de que mis consejos no le hacen mella, vengo a ti suplicante, Apolo Licio, el dios que me es más próximo, con estas ofrendas para que nos libres de toda impureza: ahora vivimos en la angustia todos, al ver a Edipo aterrorizado, como el que en la nave ve temeroso al piloto.

Pone Yocasta las ofrendas en el altar, ante la estatua de Apolo. Entra un mensajero.

Mensajero: *(Al coro).* Querría que me informaseis, extranjeros, dónde está el palacio del rey Edipo, y, si lo sabéis, que me dijerais dónde está él.
Corifeo: Esta es su casa, y él está dentro, extranjero; pero aquí está su mujer, la madre de sus hijos.
Mensajero: Feliz sea, y felices los suyos, la cumplida esposa de Edipo.
Yocasta: Seas tú también feliz, extranjero, como mereces por tus bellas palabras; pero dinos qué has venido a buscar o qué quieres anunciarnos.
Mensajero: Buenas nuevas, señora, para la casa de tu esposo.
Yocasta: ¿Cuales son y quién te manda?
Mensajero: Vengo de Corinto; lo que al punto te diré es nueva de alegría –¿cómo iba a ser de otro modo?–, pero también puede afligir.
Yocasta: ¿Cuál es que pueda tener esa doble virtud?
Mensajero: Las gentes de Corinto han erigido rey del Istmo[21] a Edipo, según se oía decir allí.
Yocasta: ¿Cómo? ¿No está en el poder el anciano Pólibo?

Mensajero: Desde luego que no, pues la muerte le retiene en su sepulcro.
Yocasta: ¿Qué dices? ¿Ha muerto el padre de Edipo?
Mensajero: Digo merecer la muerte, si miento.
Yocasta: *(A la esclava que salió con ella).* Corre, ve a decirle esto a tu señor lo más rápido que puedas...

Sale la esclava corriendo hacia palacio.

Y ahora, vaticinios de los dioses, ¿dónde estáis? De este hombre huía hace tiempo Edipo, por temor de matarle, y ahora, cuando le tocaba, ha muerto, y no por mano de Edipo.

Sale Edipo.

Edipo: Yocasta, mi bien amada esposa, ¿por qué me has mandado recado de salir aquí fuera?
Yocasta: Escucha lo que dirá este hombre y observa, cuando le hayas oído, hasta qué punto son venerables los divinos oráculos.
Edipo: Y éste, ¿quién es y qué tiene que decirme?
Yocasta: Un corintio que ha venido a anunciarte que Pólibo, tu padre, no vive ya, sino que ha muerto.
Edipo: ¿Qué dices? A ver, extranjero, explícamelo tú mismo.
Mensajero: Si mi primera misión es darte, sobre este punto, una embajada exacta, has de saber que sí: el rey ha muerto.
Edipo: ¿Víctima de un complot, acaso, o de una enfermedad?
Mensajero: El cuerpo de los viejos no resiste el más pequeño achaque.

Edipo rey 49

Edipo: De enfermedad, pues, según parece, ha muerto el pobre.

Mensajero: Y por los años de vida que contaba.

Edipo: Ay, ay, ¿por qué, mujer, hay quien recurre a la mansión profética de Pito o a las aves que gritan por el aire? Decían ellos que yo había de matar a mi padre; pues bien, él yace muerto bajo tierra, y yo, heme aquí sin haber tocado una espada... *(con ironía y, a la vez, con dolor)*, si no es que ha muerto de añorarme, que así sí que habría muerto por mi culpa... El caso es que ahora está en el Hades, Pólibo, con toda esta carga de vaticinios que nada valen.

Yocasta: No será que yo no te lo haya dicho antes.

Edipo: Me lo decías, sí, pero el temor me perdía.

Yocasta: Pues ahora, ya, que ninguno te pese en el ánimo.

Edipo: Sí, pero, ¿cómo no ha de angustiarme, lo de dormir en el lecho de mi madre?

Yocasta: ¿Qué puede temer un hombre, dime, si es el azar quien lo gobierna y no hay forma de prever nada de modo cierto? Lo mejor es vivir al azar, como se pueda. En cuanto al lecho de tu madre, no has de temer: hay muchos hombres que se han acostado con su madre... en sueños, pero son los que no hacen caso de estas cosas quienes viven mejor.

Edipo: Todo esto que has dicho estaría muy bien, si no estuviera viva la que me dio a luz: pero mientras viva y por muy bien que hables, es del todo forzosa mi angustia.

Yocasta: Pero la tumba de tu padre, al menos, bien claro indicio es.

Edipo: Sí, en su claridad estoy de acuerdo; pero yo temo por la viva.

Mensajero: ¿Sobre qué mujer versa este temor?
Edipo: Sobre Mérope, anciano, la esposa de Pólibo.
Mensajero: ¿Y qué pasa con ella que os infunda este pavor?
Edipo: Un divino oráculo, extranjero, un oráculo terrible.
Mensajero: ¿Puede decirse o no es lícito que otro lo sepa?
Edipo: Sí: que en otro tiempo Loxias me dijo que yo había de juntarme con mi propia madre, y que con mis propias manos había de derramar la sangre de mi padre; ésta fue la razón por la que, entonces, me alejé lo más que pude de Corinto, mi patria... para bien, sí, pero, con todo, es algo muy dulce poder ver el rostro de los padres.
Mensajero: ¿Y por temor de esto que dices estás aquí exiliado de Corinto?
Edipo: Por evitar ser el asesino de mi padre, anciano.
Mensajero: Ay, señor, pues yo he venido aquí con buen propósito, ¿por qué no te habré librado ya de este temor?
Edipo: De hacerlo, recibirías de mí la merecida gratitud.
Mensajero: El caso es que he venido para que tu regreso a Corinto me valiera alguna recompensa.
Edipo: No, nunca iré a donde estén mis padres.
Mensajero: Hijo mío, es bien manifiesto que no sabes lo que haces.
Edipo: Pero, anciano, ¿qué dices? Por los dioses, explícate.
Mensajero: Si es por estas razones que te niegas a volver a tu patria...
Edipo: Sí, por temor a que resulte fundado el oráculo de Febo.

Edipo rey 51

Mensajero: ¿Para no mancharte con la sangre de tus padres?
Edipo: Eso es, anciano: ésta es la razón por la que siempre he de temer.
Mensajero: ¿Ya sabes que, en justicia, no hay nada que temer?
Edipo: ¿Cómo no, si soy hijo de estos padres de que hablamos?
Mensajero: Porque a Pólibo no le unía contigo ningún vínculo de sangre.
Edipo: ¿Qué has dicho? ¿No fue Pólibo quien me engendró?
Mensajero: No más que este hombre *(señalándose a sí mismo)*: justo igual.
Edipo: ¿Cómo puede el que me engendró ser igualado a quien no es nada?
Mensajero: Porque no te engendramos ni él ni yo.
Edipo: Pero, entonces, ¿por qué me llamaba hijo suyo?
Mensajero: Has de saber que él te recibió como un presente de mis manos.
Edipo: ¿Y así incluso me amó tanto, habiéndome recibido de otro?
Mensajero: No tenía hijos: esto le indujo a amarte como propio.
Edipo: ¿Tú me diste a él? ¿Por qué? ¿Me habías comprado o me encontraste?
Mensajero: Te hallé en las selvas del Citerón.
Edipo: ¿Cómo es que frecuentabas aquellos lugares?
Mensajero: Yo guardaba ganado en aquellas montañas.
Edipo: ¿Eras, pues, un pastor que iba de un lado a otro, por soldada?
Mensajero: Y quien te salvó, hijo, en aquel tiempo.
Edipo: ¿Cómo me recogiste? ¿Que dolor tenía yo?

Mensajero: Tus propios tobillos podrían informarte.
Edipo: ¡Ay de mí! ¿A qué hablar ahora de mi antigua miseria?
Mensajero: Yo voy y te desato: tenías atravesados los tobillos de los dos pies.
Edipo: ¡Qué mal oprobio recibí de mis pañales!
Mensajero: Y así, de esta desgracia, se te llamó como te llamas [22].
Edipo: Pero, por los dioses, dime si me abandonó mi madre o mi padre.
Mensajero: No sé: esto lo sabrá mejor el que te entregó a mí.
Edipo: Así, ¿no fuiste tú el que me halló? ¿Me recibiste de otro?
Mensajero: No, no te hallé yo: otro pastor te dio a mí.
Edipo: ¿Quién? ¿Sabrías señalarme quién fue?
Mensajero: Le llamaban, creo, de la gente de Layo.
Edipo: ¿Del rey, en otro tiempo, de esta tierra?
Mensajero: Eso es: él era boyero del rey que dices.
Edipo: ¿Y está vivo, todavía? ¿Puedo verle?
Mensajero: *(A los ancianos del coro).* Vosotros lo sabréis mejor que yo, los del país.
Edipo: Quienquiera de vosotros, los aquí presentes, que sepa de este boyero que dice, que le haya visto en el campo o en la ciudad, que lo declare... Es ya el momento de descubrirlo todo.
Corifeo: Creo que no puede ser más que el pastor al que antes tratabas de ver. Pero ella, Yocasta, podría decírtelo más que yo.
Edipo: Mujer, ¿sabes tú si el hombre al que hemos mandado venir, es el que este mensajero dice?
Yocasta: ¿Qué importa de quién hable? No hagas caso de todo esto; lo que se ha dicho, créeme, no tomes el vano trabajo de recordarlo.

Edipo rey

Edipo: No, no puede ser: no podría, habiendo recibido estas señales, no poner en claro mi linaje.

Yocasta: No, por los dioses, no. Si algo te importa tu vida, no indagues más. *(Aparte).* ¡Bastante sufro yo![23]

Edipo: Ten ánimo, que tú no vas a salir perjudicada ni si yo descubro que soy tres veces esclavo: bisnieto, nieto e hijo de esclavas.

Yocasta: Con todo, créeme, te lo ruego: no hagas nada.

Edipo: No lograrás hacerme creer que no he de enterarme de todo cabalmente.

Yocasta: Mi consejo es bueno: te recomiendo lo mejor.

Edipo: Esta ignorancia que tú llamas mejor hace ya tiempo que me tortura.

Yocasta: ¡Ay, malaventurado! ¡Ojalá nunca supieras quién eres!

Edipo: ¿No habrá, de una vez, quien me traiga aquí a este boyero?... En cuanto a ella, dejadla que se goce en su rico linaje.

Yocasta: ¡Ay! ¡Ay, desgraciado! Este es el único nombre que puedo llamarte, y nunca te llamaré de otro modo.

Sale corriendo y entra en palacio, llorosa.

Corifeo: ¿Por que se va así, Edipo, tu mujer, qué tan salvaje dolor la precipita? Temo no reviente, en desgracia, su silencio[24].

Edipo: ¡Que reviente, ya, lo que quiera! Saber, por oscuro que sea, mi origen: ésta es mi decisión irrevocable, aunque ella, como mujer, se sienta herida en su orgullo y se avergüence de mi desconocida ascendencia. Yo, en cambio, no me tengo por deshonrado con considerarme hijo de la Fortuna, de la generosa. De ella he nacido y los meses del tiempo de mi vida me han hecho ora pequeño ora grande [25]. Tal soy por mi nacimiento y no podría ya cambiar: siendo así, ¿por qué no saber mi linaje?

Coro: Si soy capaz de adivinar, si puedo emitir una opinión acertada, no, por el Olimpo, Citerón no pasará el plenilunio de mañana sin que te oigas exaltar como compatriota de Edipo, lugar en que nació y que le alimentó; no dejaremos de celebrarte con nuestras danzas porque has protegido a nuestros reyes. Y a ti, Febo, dios que se invoca con gritos, que te sean éstas agradables.

¿Qué ninfa, hijo, cuál de las ninfas de larga vida se había acercado a Pan, el padre que fatiga los montes, y te dio a luz? ¿O fue acaso una amante de Loxias? A él cualquier llanura, en el monte, le place. ¿O quizás el señor de Cilene, o Baco quizá, que habita en las cimas de los montes, tuvo un día la sorpresa de recibirte de una de las ninfas de Helicón con las que tan a menudo se divierte?

Asoma a lo lejos el anciano boyero de Layo, entre dos esclavos. Mientras se acerca, va hablando Edipo.

Edipo: Si yo, ancianos, que nunca me traté con él, puedo conjeturarlo, me parece que estoy viendo al boyero que buscamos hace rato. En lo avanzado de su edad concuerda con el descrito por este hombre *(señalando al mensajero);* por otra parte, conozco que son mis esclavos los que aquí le conducen. Pero, en conocerle, tú seguramente me aventajas, porque tú has visto ya a este boyero, tiempo hace.

Edipo rey

Corifeo: Has de saber que sí, le reconozco: era pastor de Layo, fiel como ningún otro.

Edipo: *(Al mensajero).* Primero he de preguntarte a ti, extranjero corintio, si era éste el hombre al que te referías.

Mensajero: Este, sí, justo el que tienes a la vista.

Edipo: *(Al pastor, que permanece como ausente, la vista en el suelo, entre los dos esclavos).* Este eres tú, anciano; y ahora mírame y responde a lo que te vaya preguntando: ¿tú eras en otro tiempo de la gente de Layo?

Criado: Sí, un esclavo, no comprado sino criado en su casa.

Edipo: ¿Qué trabajo estaba a tu cuidado? ¿De qué vivías?

Criado: Lo más de mi vida lo pasaba siguiendo a los rebaños.

Edipo: ¿Y qué lugares solías frecuentar, especialmente?

Criado: Ora en el Citerón, ora en lugares contiguos.

Edipo: *(Señalando al mensajero).* A éste que está aquí: ¿le trataste nunca?

Criado: No hasta tal punto que el recuerdo me permita decirlo ahora mismo.

Mensajero: No hay nada extraño en ello, señor, pero, aunque no me conozca, yo podré, con evidencias, hacerle memoria, porque estoy seguro de que se acuerda de cuando él con dos tebanos y yo con uno fuimos vecinos en la zona del Citerón, tres veces durante seis meses, desde la primavera hasta mediados de septiembre; y ya en el invierno, yo conduje mi rebaño al establo y él a los de Layo. ¿Hablo o no de cosas que han pasado?

Criado: Dices verdad, aunque hace ya largo tiempo.

Mensajero: Venga, pues, contesta ahora: ¿recuerdas entonces haberme dado un niño para que yo lo criara como si fuese mío?

Criado: ¿Cómo dices? ¿A qué viene hacer memoria ahora de aquello?

Mensajero: *(Señalando a Edipo).* Aquí está, compañero, aquel que era entonces un niño.

Criado: *(Amenazándole con un bastón).* ¡Maldito seas, no podrás callar!

Edipo: No, anciano, no; no le amenaces; tus palabras, más que las suyas, son dignas de amenaza.

Criado: Oh, tú, el mejor de los señores, ¿cuál es mi falta?

Edipo: No reconocer al niño que él te recuerda.

Criado: Es que habla sin saber, para afligir por nada.

Edipo: Pues si te lo piden por favor no hablas, con gritos hablarás.

Criado: No, por los dioses te ruego, no maltrates a un viejo como yo.

Edipo: Rápido, que alguien le ate las manos a la espalda.

Criado: Infortunado de mí, ¿por qué causa? ¿Qué más quieres saber?

Edipo: Si le diste a él el niño de que habla.

Criado: Sí, se lo di, y ojalá hubiera muerto aquel día.

Edipo: Llegarás a morir, sí, si no dices lo que debes.

Criado: Y si hablo, con mucha más razón he de morir.

Edipo: El hombre éste, está claro que quiere darle largas al asunto.

Criado: No por mí, desde luego; pero ya te dije que sí se lo di.

Edipo: ¿De dónde lo sacaste? ¿Era tuyo o de algún otro?

Criado: No, mío no era: lo recibí de otro.

Edipo: ¿Había nacido bajo el techo de algún ciudadano de Tebas?

Edipo rey

Criado: No, por los dioses, señor, no indagues más.
Edipo: Eres hombre muerto, si he de preguntártelo de nuevo.
Criado: Había nacido en la familia de Layo.
Edipo: ¿De un esclavo o de quién, de su familia?
Criado: ¡Ay de mí, que he llegado al punto más terrible de lo que he de decir!
Edipo: Y yo al de lo que he de oír; con todo, hay que oír.
Criado: Era hijo de Layo... se decía. Pero ella, tu mujer, la que está dentro, te lo podrá decir mejor que yo, lo que ocurrió.
Edipo: ¿Fue ella la que te lo entregó?
Criado: Justamente, señor.
Edipo: ¿Y con qué finalidad?
Criado: Para que lo hiciera desaparecer.
Edipo: ¡Ella, pobre, que lo había dado a luz!
Criado: Lo hizo angustiada por funestos oráculos.
Edipo: ¿Cuáles?
Criado: Se decía que él sería la muerte de sus padres.
Edipo: Mas tú, ¿como se lo diste a este anciano?
Criado: Por lástima, señor, porque pensé que se lo llevaría a otra tierra, por donde él era, y él, sí, se salvó, pero para funestísimas desgracias. En cuanto a ti, si eres el que él dice, has de saber que tú eres el que nació malhadado.
Edipo: ¡Ay, ay! Todo era cierto, y se ha cumplido. ¡Oh luz!, por última vez hoy puedo verte, que hoy se me revela que he nacido de los que no debí, de aquellos cuyo trato debía evitar, asesino de quienes no podía matar.

Entra en palacio y, con él, sus esclavos y el mensajero. Se va el que fue criado de Layo.

Coro: ¡Ay, generaciones de los hombres, cómo calculo que vuestra vida y la nada son lo mismo! ¿Quién, qué hombre llega a tanta cuanta felicidad pudo imaginar, si no es para ver declinar lo que imaginó? Teniendo como ejemplo tu destino, el tuyo, sí, Edipo miserable, no hay en el mortal nada porque pueda llamarle feliz. Un hombre que lanzó su flecha más lejos que nadie y se hizo con una total, bienaventurada dicha, oh, Zeus, y que tras matar a la doncella de corvas garras, a la Esfinge de oraculares cantos, se erigió como una torre protectora de los muertos de esta tierra; por ello, Edipo, se te llamó rey mío y, señor de la grandeza de Tebas, recibiste las mayores honras.
En cambio, ahora, ¿quién más triste que tú podría oír llamar? ¿Quién por más salvaje ceguera se halla en el dolor, por un cambio de vida: quién? ¡Ió, ilustre Edipo! Te ha bastado a ti, su hijo, para fondear en él como esposo, el puerto mismo que a tu padre: ¿cómo? ¿Cómo pudo el surco que había sembrado tu padre soportar, desgraciado, hasta tal punto, en silencio?
Te ha descubierto, a tu pesar, el tiempo que todo lo ve, y castiga una boda que no puede ser boda, que engendre el que antaño fue engendrado. ¡Ió, hijo de Layo! ¡Ojalá, ojalá nunca te hubiera conocido, que por ti fluyen de mi boca alaridos de desolación! Te digo la verdad: por ti recobré mi aliento, un día, pero hoy contigo mis ojos buscan el sueño.

Sale de palacio el mensajero. [26]

Mensajero: Vosotros, ancianos, los más venerables de esta tierra, ¡qué actos habréis de oír, qué habréis de

Edipo rey 59

ver, cuánto dolor habréis de soportar si, por fidelidad a vuestra sangre, os preocupáis aún por la estirpe de los Labdácidas! Ni el Istro ni el Fasis, con todas sus aguas[27], bastarían, creo, para purificar esta casa de cuanto esconde, de los males que ahora saldrán a la luz, queridos, no involuntarios. De los sufrimientos los que más afligen son los que uno mismo ha escogido.

Corifeo: Los que ya sabíamos bastaban para afligirnos profundamente: ¿qué puedes añadir a ellos?

Mensajero: Sólo unas palabras; un momento oírlas y un momento escucharlas: la noble Yocasta ha muerto.

Corifeo: ¡Oh, desgraciadísima!, y ¿a causa de qué?

Mensajero: Se ha suicidado. Y tú te ahorras lo más doloroso de este suceso porque no está a tu vista; con todo, hasta donde llegue mi memoria, podrás saber los sufrimientos de aquella infortunada. Apenas ha atravesado el vestíbulo se precipita, furiosa, poseída, al punto hacia la habitación nupcial, arrancándose los cabellos con ambas manos; entra, cierra como un huracán las puertas y llama por su nombre a Layo, fallecido hace tanto tiempo, en el recuerdo del hijo que antaño engendró y en cuyas manos había de hallar la muerte; a Layo, que había de dejar a su hijo la que le parió, para que tuviese de ella una siniestra prole. Gemía sobre la cama en la que había tenido, de su marido, un marido, e hijos de su hijo... Después de esto, no sé ya cómo fue su fin, porque se precipitó, gritando, Edipo entre nosotros, y por él no pudimos asistirla a ella en su triste final: en él fijamos todos nuestros ojos, con ansia, viéndole volverse, ir y venir, pidiéndonos un arma, pidiendo que le digamos dónde esta su mujer; no su mujer, aquella madre doble, tierra

en que fueron sembrados él y sus hijos. Estaba fuera
de sí y algún dios se lo indicó, que no se lo indicó
ninguno de los que estábamos a su vera; horrible grita
y como si alguien le guiara se abalanza contra la doble
puerta, de cuajo arranca la encajonada cerradura y se
precipita dentro de la estancia; allí colgada la vimos,
balanceándose aún en la trenzada cuerda... Cuando la
ve, Edipo da un horrendo alarido, el miserable, afloja
el nudo de que pende; después, el pobre cae al suelo,
e insoportable en su horror es la escena que vimos:
arranca los alfileres de oro con que ella sujetaba sus
vestidos, como adorno, los levanta y se los clava en las
cuencas de los ojos, gritando que lo hacía para no
verla, para no ver ni los males que sufría ni los que
había causado: "Ahora miraréis, en la tiniebla, a los
que nunca debisteis ver, y no a los que tanto ansiasteis
conocer"; como un himno repetía estas palabras y no
una sola vez se hería los párpados con esos alfileres;
sus cuencas, destilando sangre, mojaban sus mejillas;
no daban suelta, no, a gotas humedecidas de sangre,
sino que le mojaba la cara negro chubasco de granizo
ensangrentado. De dos y no de sólo uno: de marido y
mujer, de los dos juntos, ha estallado este desastre. La
antigua ventura era ayer ventura, ciertamente, pero
hoy, en este día: gemido, ceguera, muerte, vergüenza,
cuantos nombres de toda clase de desastres existen,
sin dejar ni uno.

Corifeo: Y el pobre Edipo, ahora, ¿se siente algo aliviado
de su mal?

Mensajero: A gritos dice que descorran las cerraduras
de las puertas y que muestren a todos los cadmeos un
parricida, un matricida, y sacrilegios tales que no
puedo yo repetir. Quiere arrojarse a sí mismo de su

tierra, dice que no puede permanecer en su casa, maldecido por sus propias maldiciones, que necesita, al menos, de la fuerza de alguien que le guíe: su infortunio es insoportable para él solo. Pero él mismo te lo explicará, que veo que se abren las puertas: el espectáculo que vas a ver es tal que hasta a uno que le odiara apenaría.

Aparece, vacías las cuencas de sus ojos, el rostro ensangrentado, Edipo.

Corifeo: ¡Oh, qué atroz sufrimiento, apenas visible para un hombre! Esta es la más atroz de cuantas desgracias he topado, en mi vida. Infeliz, ¡qué locura te vino! Sobre tu destino desgraciado, ¿qué dios ha dado un salto mayor que los más grandes?
¡Ay, mísero, ni mirarte puedo, aunque querría, sí, preguntarte tantas cosas, saber, verte, tanto...! pero, ¡es tal la angustia que me infundes!

Edipo: ¡Ay ay, ay ay! ¡Ay! ¡Ay, desgraciado de mí, infeliz! ¿adónde voy? ¿Adonde, arrebatada, vuela mi voz? Destino mío, ¿adónde me has precipitado?

Corifeo: Es un horror que no puede oírse ni verse.

Edipo: ¡Nube, ay, de sombra, abominable, que sobre mí te extiendes, indecible, inaguantable, movida por vientos que me son contrarios! ¡Ay de mí y ay de mí de nuevo! ¡Cómo clava en mí su aguijón el recuerdo de mis males!

Corifeo: A nadie puede sorprender, si en tus males doblas tus quejas, pues doble es la desgracia que te aqueja.

Edipo: Ió, amigo, tú eres aún mi compañero, el único que me queda: tú aún te preocupas de este ciego. ¡Ay, ay!

No, no te creas que no reconozco tu voz: claramente la identifico, a pesar de mis sombras.

Corifeo: ¡Oh, qué horrible lo que has hecho! ¿Cómo has podido marchitar así tus ojos? ¿Qué dios te ha empujado a ello?

Edipo: Apolo, Apolo ha sido, amigos, el que mis sufrimientos ha culminado tan horrorosa, horrorosamente... pero estas cuencas vacías no son obra de nadie, sino mía, ¡mísero de mí! ¿Qué había de ver, si nada podía ser ya la dulzura de mis ojos?

Corifeo: Sí, así era, justo como dices.

Edipo: ¿Qué podía ya ver que me fuera grato? ¿A quién podía preguntar cuya respuesta pudiera, amigos, oír con placer? Echadme lejos, lo más lejos que podáis, echad a esta ruina, amigos, a este hombre tan maldecido, al más odiado por los dioses.

Corifeo: Te torturas pensando y acreces tu desgracia. ¡Cómo preferiría no haberte conocido!

Edipo: ¡Mala muerte tenga, el que fuera que en el prado me cogió por los grillos de los pies y me libró de la muerte, devolviéndome así la vida! Nada hizo que deba agradecerle: de haber muerto entonces nunca hubiera sido el dolor de mis amigos, el mío propio.

Corifeo: También yo querría que hubiese pasado así.

Edipo: Nunca hubiera llegado a asesinar a mi padre ni me hubiera llamado esposo de aquella por la que tuve la vida. En cambio, ahora, heme aquí, abandonado por los dioses, hijo miserable de impurezas, que he engendrado en la mujer a la que debía mi vida. Si puede haber un mal peor que el mismo mal, éste ha tocado a Edipo.

Corifeo: Se me hace difícil decirte que lo que has decidido es cierto: mejor que vivir así, ciego, estuvieras muerto.

Edipo: ¿No es quizá lo mejor, lo que he hecho? No me vengas con lecciones ni con consejos, encima. Yo no sé, de tener ojos, como hubiera podido mirar a mi padre cuando vaya al Hades, ni a la pobre de mi madre, porque ahorcarme no es bastante para purgar los crímenes que contra ellos dos he cometido. Y además, ¿podía deleitarme en mirar a mis hijos, nacidos del modo en que han nacido? No, nunca: esto no podía ser grato a mis ojos, ni esta ciudad, ni estas murallas, ni estas sagradas imágenes de los dioses. Yo, mísero, el mas noble hijo de Tebas, me privé a mí mismo de esto, yo que decreté que todos repelieran al sacrílego, a aquel cuya impureza mostraban los dioses... ¡y del linaje de Layo!

Y yo, tras haber sacado a relucir una mancha como la mía, ¿podía mirar a los tebanos cara a cara? No, ciertamente, que si hubiera podido cerrar la fuente que permite oír por los oídos no me hubiese arredrado, no, por incomunicar el cuerpo de este miserable: así, además de ciego, fuera sordo: ¿no es dulce poder pensar alejado de los males?

Ió, Citerón, ¿por qué me acogiste? ¿Por qué, cuando me tenías, no me mataste al punto? Así jamás hubiera revelado mi origen a los hombres. ¡Oh, Pólibo! ¡Corinto y la casa de mi padre, decían! ¡Qué belleza –socavada de desgracias– criasteis! Y ahora descubro, desgraciado, que vengo de infelices. ¡Ay, tres caminos, soto escondido, encrucijada estrecha! Vosotros bebisteis la propia sangre mía que mis manos vertieron, la de mi padre. ¿Os acordáis de los crímenes que cometí a vuestra vista y de los que cometí, otra vez, llegado aquí? Bodas, bodas que me habéis hecho nacer y, nacido, habéis suscitado por segunda vez la misma simiente, mostrando padres hermanos e hijos entre sí, todos del mismo linaje, y una novia esposa y madre... En fin, el máximo que de vergüenza pueda haber entre los hombres.

Pero, vamos, hay cosas que no es decoroso haberlas hecho, pero no menos lo es hablar de ellas. Venga, rápido: por los dioses, escondedme lejos en algún lugar, matadme o arrojadme al mar, adonde no tengáis que verme ya más. ¡Vamos!, dignaos tocar a este miserable; creedme, no temáis: mis males, no hay ningún mortal que pueda soportarlos, salvo yo.

Corifeo: De lo que pides, ahora viene a propósito Creonte, que podrá hacer y aconsejar, pues él es el único guardián de esta tierra, que ha quedado en tu lugar.

Entra Creonte.

Edipo: Ay de mí, ¿qué podré decirle? ¿Qué confianza puede mostrarme, si hace un momento me he presentado ante él tan desconfiado?

Creonte: No he venido a hacer burla de ti, Edipo, ni a echarte en cara los insultos de hace un rato. *(Al coro).* Pero vosotros, si no os angustia este mortal linaje, respetad al menos la luz del soberano Sol que todas cosas nutre y no le mostréis así a este sacrílego[28]: hoy, que no pueden ni la tierra, ni la sagrada lluvia, ni la luz aceptarle. Venga, pues, rápido, acompañadle a su casa: son los de su propio linaje, solamente, los que por piedad han de oír las desgracias de su estirpe.

Edipo: Pues así vienes a calmar mi ansia, tú, excelente, ante este hombre tan ruin, escúchame, que lo que voy decirte es en tu interés y no en el mío.

Creonte: ¿Qué necesitas, que te mueva así a rogarme?
Edipo: Que me eches de esta tierra lo antes posible, adonde mortal alguno me dirija jamás la palabra.
Creonte: Debes saber que ya lo habría hecho, esto, si no hubiera querido saber antes qué vaticinaba el dios que convenía hacer.
Edipo: Pero bastante clara ha dado él ya su sentencia: el parricida, el impío que yo soy, que muera.
Creonte: Así se pronunció, sí, en efecto; sin embargo, dada nuestra embarazosa situación, mejor es saber qué hemos de hacer.
Edipo: Así pues, por un hombre tan mísero como yo, ¿consultáis al oráculo?
Creonte: Sí, y ahora sí habrás de poner tu fe en el dios.
Edipo: Sí, y te encargo y te suplico que a la que está dentro de la casa le tributes las exequias que tú quieras: es de tu familia y así obrarás rectamente. En cuanto a mí, no me consideres digno de vivir en esta ciudad de mis padres, de detentar la ciudadanía; no, antes déjame vivir en los montes, en aquel Citerón famoso por ser mi cuna y que mi padre y mi madre, cuando los dos vivían, me asignaron como propia tumba: así podré morir como ellos querían que muriese. Con todo, tengo la certeza de que ni enfermedad ni nada así puede acabarme, pues no hubiera sido salvado de la muerte, de no ser para algún terrible infortunio. Es igual: que vaya por donde quiera mi destino. Pero mis hijos, Creonte, no te pido que te aflijas por los varones, que son hombres, de modo que no ha de faltarles, donde quiera que estén, de qué ir viviendo... Pero mis dos pobres, lamentables hijas... Para ellas siempre estaba parada y servida la mesa, pero ahora, sin mí... En todo lo que yo tocaba, en todo tenían ellas

parte... De ellas sí te ruego que cuides... Y déjame que puedan mis manos tocarlas, lamentando su mala fortuna.

Hace Creonte señal a un esclavo para que vaya a buscarlas y las saque allí.

Ah, príncipe, noble príncipe: si pudiera sentir en ellas mis manos me parecería tenerlas como antes, cuando podía ver.

Entra el esclavo con Antígona e Ismene.

Mas, ¿qué digo? ¿No estoy oyendo a mis dos hijas, lamentándose? Por los dioses, Creonte ha tenido, pues, piedad de mí y ha hecho venir a mis dos amadísimas hijas: ¿digo bien?
Creonte: Sí, dices bien: yo lo he dispuesto así porque me he dado cuenta del deseo que tienes y tenías, hace rato.
Edipo: *(A Creonte).* Bienaventurado seas, y en recompensa a haberlas hecho venir, que te guarden los dioses mejor de lo que a mí me guardaron. *(Palpando en la oscuridad, hacia sus hijas).* ¿Dónde estáis, hijas? Venid aquí, acogeos a estas manos mías, las del hermano que procuró al padre que os ha engendrado la vaciedad que veis en los ojos que tenían antes luz; al padre que os hizo nacer a vosotras, hijas mías, sin darse cuenta, sin saber nada, del mismo lugar de donde él había sido sacado. Por vosotras lloro, que no puedo miraros, al pensar en la amarga vida que os espera, en la vida que os harán llevar los hombres, porque, ¿a qué reunión de los demás ciudadanos podréis asistir? ¿A qué fiesta que no hayáis de volver

Edipo rey

llorando a casa en vez de disfrutar de sus espectáculos? Y cuando lleguéis a la edad de casaros, ¿qué hombre puede haber, hijas, que cargue con el peso de estos oprobios que serán vuestra ruina, como fueron la de mis padres? ¿Qué desgracia falta? Vuestro padre ha matado a su padre y ha sembrado en la que le parió, en la que él había sido sembrado, y os ha tenido de las entrañas mismas de las que él había salido. Estos oprobios tendréis que oíros; y así, ¿quién querrá casarse con vosotras? Nadie, no hay duda, hijas, y tendréis que consumiros en la esterilidad, solteras...

(A Creonte). Tú, hijo de Meneceo, pues eres el único que queda para hacerles de padre, muertos ya como estamos su madre y su padre, los dos, no permitas que ellas que son de tu sangre vaguen sin marido que las libre de la pobreza. No quieras igualarlas a mis infortunios. No, Creonte, apiádate de ellas pues las ves así, tan jóvenes y privadas de todo, si no es por lo que a ti te tocan. Consiente a mi ruego, noble Creonte, y, en señal de ello, toca con tu mano la mía.

Estrecha Creonte la mano de Edipo.

Y a vosotras, hijas mías, si tuvieseis edad de comprenderme, yo os daría muchos consejos... Ahora, rogadles a los dioses, que, donde quiera que os toque vivir, tengáis una vida mejor que la que tuvo vuestro padre.

Creonte: Ya basta con el extremo a que han llegado tus quejas. Ahora entra en casa.
Edipo: He de obedecer, hasta si no me gusta.
Creonte: Todo lo que se hace en su momento está bien hecho.

Edipo: Iré, pero ¿sabes con qué condición?
Creonte: Si me lo dices, podré oírla y la sabré.
Edipo: Que me envíes lejos de Tebas.
Creonte: Me pides algo cuya concesión corresponde a Apolo.
Edipo: Pero a mí me odian los dioses.
Creonte: Pues, entonces, sin duda lo obtendrás.
Edipo: ¿Tú crees?
Creonte: No suelo hablar en vano, diciendo lo que no pienso.
Edipo: Venga, pues: ahora, échame de aquí.
Creonte: De momento, deja a tus hijas y ven.
Edipo: ¡No, no me las quites!
Creonte: No quieras mandar en todo. Venciste muchas veces, pero tu estrella no te acompañó hasta el final de tu vida.

Entran Edipo y Creonte, con los esclavos, en palacio. Un esclavo se lleva a Antígona e Ismene. Va desfilando el coro mientras el Corifeo dice las últimas palabras.

Corifeo: Habitantes de mi patria, Tebas, mirad: he aquí a Edipo, que descifró los famosos enigmas y era muy poderoso varón cuya fortuna ningún ciudadano podía contemplar sin envidia; mirad a qué terrible cúmulo de desgracias ha venido. De modo que, tratándose de un mortal, hemos de ver hasta su último día, antes de considerarle feliz sin que haya llegado al término de su vida exento de desgracias.

Notas

1 Fundador de Tebas, de donde el nombre de Cadmeos con que a menudo suele designarse, honoríficamente, a los tebanos.
2 Con esos tres puntos sagrados, el sacerdote quiere designar la totalidad de Tebas: uno de los templos de Atenea estaba al norte y el otro al sur: en cuanto a Ismeno, no se trata del río de este nombre que hallará el lector en la *Antígona* sino de un semidiós, hijo de Apolo Ismenio, cuyo culto contaba con un templo especialmente dedicado a la adivinación.
3 La Esfinge que proponía a los tebanos enigmas: de no responderlos, los mataba. Al llegar Edipo él pudo solucionar el que le fue propuesto y matarla: por lo cual logro la realeza y la propia reina.
4 La vida, o sea el Sol, sale por oriente: en el extremo opuesto está la muerte, Hades, en el ocaso.
5 Parece que se trata de una personificación del océano Atlántico. Lo cual es confirmado, seguramente, por el hecho de citar luego el poeta el mar de Tracia, el Ponto Euxino, los dos extremos, para un griego, del mundo.
6 Epíteto de Apolo, seguramente relacionado con la idea de luz, esplendor.
7 Era éste el grito ritual con que las ménadas, poseídas por el dios, le invocaban, antes de comulgar con él devorando la carne del animal sacrificado en su honor e identificado al mismo dios. Las ceremonias báquicas (Dionisio o

Baco) están seguramente en el origen del espectáculo trágico, pero son además parte muy fundamental e interesante de la religión griega arcaica y clásica.

8 En el *Edipo* es quizá donde es más duro el recurso sofócleo de la ironía trágica. Sobre una frase común, cuando uno quiere indicar el interés que toma en una persona mayor ("como si fuera mi padre"), Edipo formula, inconscientemente, la terrible verdad escondida y tenazmente revelada: que ha matado a su padre y casado con su madre.

9 Quiere referirse a la Esfinge, vigilante a la que nada escapa, como al perro guardián.

10 Epíteto de Apolo –el dios que parece omnipresente, por todo el drama–, que hace seguramente referencia a su cualidad de oracular.

11 El Citerón es el monte en que, de niño, fue expuesto Edipo por sus padres, pero en él también pasó algún tiempo una vez ciego. El final de la obra es rico en alusiones a este monte.

12 En Delfos estaba el oráculo pítico. El coro se resiste, a pesar de las aseveraciones de Tiresias, a creer en la culpabilidad de Edipo: le parece inverosímil, falto de elementos de coordinación (se pregunta qué pudo haber entre él y el antiguo rey, para justificar un crimen).

13 Al oeste de Tebas está el monte Parnaso, en cuya cumbre había un santuario dedicado a Apolo.

14 El ombligo de la tierra era una piedra blanca que había en mitad del oráculo de Delfos: ombligo porque creían los griegos que marcaba el centro del mundo.

15 Labdácidas, o sea, descendientes de Lábdaco, el rey antepasado de la dinastía tebana.

16 Muchos críticos han pensado que Yocasta, mujer ya mayor que Edipo, no había meditado bastante su parecido físico con Layo, antes de aceptarlo como esposo y sabiendo el antiguo oráculo. Con todo, Yocasta desprecia

Edipo rey 71

constantemente los oráculos: en vez de una vida ordenada según la medida impuesta por Delfos, propugna vivir al azar. Algún critico ha llegado a hablar de su "frivolidad".

17 La teoría de los augurios, en la antigüedad, es compleja, pero un suceso, una visión, etc., según aparezca por el lado siniestro o por el diestro, pueden significar buena o mala suerte.

18 Esta divinidad, como antes el dios que no envejece en las leyes que no son humanas, es Zeus.

19 El coro, aparte de cumplir una función dramática, supone un serie de cantos y danzas rituales y culturales. O sea, cumple una función religiosa. La frase del coro, pues, equivale a la de cualquier creyente religioso que, en crisis, se plantee el porqué de su participación en una ceremonia cultural; por ejemplo, la misa.

20 De Delfos se dice que es intangible porque en 450 antes de Cristo los persas no pudieron llegar a él. En el pasaje se citan los tres oráculos griegos más famosos: el de Apolo en Delfos, el que tenía también Apolo en Abas (no lejos de Delfos), y el de Zeus en Olimpia.

21 Corinto estaba al sudoeste de Atenas (Tebas, al noroeste) y dominaba toda la región del istmo.

22 Edipo quiere decir, en griego, que tiene los pies hinchados, deformes.

23 El aparte de Yocasta dice bien claro que ha comenzado a comprender quién es Edipo y de quién es hijo. Su carácter es de los más complejos y a la vez diluidos de esta tragedia, pero, en general, la vemos angustiada y, a la vez, como aquí, evasiva, intentando a cada paso eludir una sospecha cada vez más evidente pero monstruosa.

24 También el coro siente anidar la angustia en su corazón ante el silencio dramático de Eurídice, en la *Antígona*, y también entonces el silencio a que alude el coro preludia su suicidio.

25 Puede Edipo, y con razón, confiarse al azar: no sabe, resulta, nada de sí mismo, ni quién es ni de quién es hijo; pero lo que es por naturaleza le ha hecho –incluido el oráculo que le alejó de Corinto– vagabundo errante y rey de Tebas. No le importa su nacimiento, pues, sino lo que ha logrado. Su optimismo contagiará al coro que conjeturará para su rey un nacimiento resultado de una aventura amorosa de un dios.

26 No consta si este mensajero es el mismo de antes: en griego sólo se dice que sale de palacio. La misma cuestión puede plantearse para el final de la *Antígona*. La tragedia griega, mesurada en los horrores (en su presentación física, al menos), no presentaba nunca crímenes en escena: el espectador se enteraba por un testigo ocular, como aquí, que los contaba al coro, personajes inmóviles en la orquesta del teatro.

27 Son el Danubio y el Rión, que desembocan en el mar Negro: en todo caso, aquí se alude a ellos sólo para significar que tanta cuanta agua ambos ríos acarrean no bastaría para purificar la culpa de la casa real de Tebas.

28 Quiere decir que, si los ancianos del coro no se avergüenzan de tratar con un sacrílego como Edipo, que al menos deberían tratarle a cubierto, sin que pudiera contaminar el Sol, la Tierra, etc. La idea no carece de cierta lógica religiosa, pues la peste que aqueja a Tebas es, según el oráculo de Apolo, resultado de esta contaminación.

Antígona
Personajes

Antígona   Hija de Edipo.
Ismene   Hija de Edipo.
Creonte   Rey, tío de Antígona e Ismene.
Eurídice   Reina, esposa de Creonte.
Hemón   Hijo de Creonte.
Tiresias   Adivino, anciano y ciego.
Guardián
Mensajero
Coro
Corifeo

La escena, frente al palacio real de Tebas con escalinata. Al fondo. La montaña.
Cruza la escena Antígona, para entrar en palacio. Al cabo de unos instantes, vuelve a salir, llevando del brazo a su hermana Ismene, a la que hace bajar las escaleras y aparta de palacio.

Antígona: Hermana de mi misma sangre, Ismene querida, tú que conoces las desgracias de la casa de Edipo, ¿sabes de alguna de ellas que Zeus no haya cumplido después de nacer nosotras dos? No, no hay vergüenza ni infamia, no hay cosa insufrible ni nada que se parte de la mala suerte, que no vea yo entre nuestras desgracias, tuyas y mías; y hoy, encima, ¿qué sabes de este edicto que dicen que el estratego [1] acaba de imponer a todos los ciudadanos? ¿Te has enterado ya o no sabes los males inminentes que enemigos tramaron contra seres queridos?

Ismene: No, Antígona, a mí no me ha llegado noticia alguna de seres queridos, ni dulce ni dolorosa, desde que nos vimos las dos privadas de nuestros hermanos, por doble, recíproco golpe fallecidos en un solo día [2]. Después de partir el ejército argivo, esta misma noche, después no sé ya nada que pueda hacerme ni más feliz ni más desgraciada.

Antígona: No me cabía duda, y por esto es que te traje aquí, superado el umbral de palacio, para que me escucharas, tú sola.

Ismene: ¿Qué pasa? Se ve que lo que vas a decirme te ensombrece.

Antígona: Y, ¿cómo no, pues? ¿No ha juzgado Creonte digno de honores sepulcrales a uno de nuestros hermanos, y al otro tiene en cambio deshonrado? Es lo que dicen: a Etéocles le ha parecido justo tributarle las justas, acostumbradas honras, y le ha hecho enterrar de forma que en honor le reciban los muertos, bajo tierra. El pobre cadáver de Polinices, en cambio, dicen que un edicto dio a los ciudadanos prohibiendo que alguien le dé sepultura, que alguien le llore, incluso. Dejarle allí, sin duelo, insepulto, dulce tesoro a merced de las aves que busquen donde cebarse. Y esto es, dicen, lo que el buen Creonte tiene decretado, también para ti y para mí, sí también para mí: y que viene hacia aquí, para anunciarlo con toda claridad a los que no saben, todavía, que no es asunto de poca monta ni puede considerarse, sino que el que transgreda alguna de esta órdenes será reo de muerte, públicamente lapidado en la ciudad. Estos son los términos de la cuestión: ya no te queda sino mostrar si haces honor a tu linaje o si eres indigna de tus ilustres antepasados.

Ismene: No seas atrevida: si las cosas están así, ate yo o desate en ellas, ¿que podrá ganarse?

Antígona: ¿Puedo contar con tu esfuerzo, con tu ayuda? Piénsalo.

Ismene: ¿Que ardida empresa tramas? ¿Adónde va tu pensamiento?

Antígona: Quiero saber si vas a ayudar a mi mano a alzar al muerto.

Ismene: Pero, ¿es que piensas darle sepultura, sabiendo que se ha prohibido públicamente?

Antígona: Es mi hermano –y también tuyo, aunque tú no

Antígona

quieras–; cuando me prendan, nadie podrá llamarme traidora.

Ismene: ¡Y contra lo ordenado por Creonte ay, audacísima!

Antígona: El no tiene potestad para apartarme de los míos.

Ismene: Ay, reflexiona, hermana, piensa: nuestro padre, cómo murió, aborrecido, deshonrado, después de cegarse él mismo sus dos ojos, enfrentado a faltas que él mismo tuvo que descubrir. Y después, su madre y su esposa –que las dos palabras le cuadran–, pone fin a su vida en infame entrelazada soga. En tercer lugar, nuestros dos hermanos, en un solo día consuman, desgraciados, su destino, el uno por mano del otro asesinado. Y ahora, que solas nosotras dos quedamos, piensa qué ignominioso fin tendremos si violamos lo prescrito y trasgredimos la voluntad o el poder de los que mandan. No, hay que aceptar los hechos: que somos dos mujeres, incapaces de luchar contra hombres[3]; y que tienen el poder, los que dan órdenes, y hay que obedecerlas –éstas y todavía otras más dolorosas. Yo, con todo, pido, sí, a los que yacen bajo tierra su perdón, pues que obro forzada, pero pienso obedecer a las autoridades: esforzarse en no obrar como todos carece de sentido, totalmente.

Antígona: Aunque ahora quisieras ayudarme, ya no lo pediría: tu ayuda no sería de mi agrado; en fin, reflexiona sobre tus convicciones: yo voy a enterrarle, y, en habiendo yo así obrado bien, que venga la muerte: amiga yaceré con él, con un amigo, convicta de un delito piadoso; por más tiempo debe mi conducta agradar a los de abajo que a los de aquí, pues mi

...tre ellos ha de durar siempre. En cuanto a
... e crees, deshonra lo que los dioses honran.
... cuanto a mí, yo no quiero hacer nada
... so, pero de natural me faltan fuerzas para
desa... a los ciudadanos.

Antígona: Bien, tú te escudas en este pretexto, pero yo me voy a cubrir de tierra a mi hermano amadísimo hasta darle sepultura.

Ismene: ¡Ay, desgraciada, cómo temo por ti!

Antígona: No, por mí no tiembles: tu destino, prueba a enderezarlo.

Ismene: Al menos, el proyecto que tienes, no se lo confíes a nadie de antemano; guárdalo en secreto que yo te ayudaré en esto.

Antígona: ¡Ay, no, no: grítalo! Mucho más te aborreceré si callas, si no lo pregonas a todo el mundo.

Ismene: Caliente corazón tienes, hasta en cosas que hielan.

Antígona: Sabe, sin embargo, que así agrado a los que más debo complacer.

Ismene: Sí, si algo lograrás... Pero no tiene salida tu deseo.

Antígona: Puede, pero no cejaré en mi empeño, mientras tenga fuerzas.

Ismene: De entrada, ya, no hay que ir a la caza de imposibles.

Antígona: Si continúas hablando en ese tono, tendrás mi odio y el odio también del muerto, con justicia. Venga, déjanos a mí y a mi funesta resolución, que corramos este riesgo, convencida como estoy de que ninguno puede ser tan grave como morir de modo innoble.

Ismene: Ve, pues, si es lo que crees; quiero decirte que,

Antígona

con ir, demuestras que estás sin juicio, pero también que amiga eres, sin reproche, para tus amigos.

Sale Ismene hacia el palacio: desaparece Antígona en dirección a la montaña.
Hasta la entrada del coro, queda la escena vacía unos instantes.

Coro: Rayo de sol, luz la más bella –más bella, sí, que cualquiera de las que hasta hoy brillaron en Tebas la de las siete puertas–, ya has aparecido, párpado de la dorada mañana que te mueves por sobre la corriente de Dirce [4]. Con rápida brida has hecho correr ante ti, fugitivo, al hombre venido de Argos, de blanco escudo, con su arnés completo, Polinices, que se levantó contra nuestra patria llevado por dudosas querellas, con agudísimo estruendo, como águila que se cierne sobre su víctima, como por ala de blanca nieve cubierto por multitud de armas y cascos de crines de caballos; por sobre los techos de nuestras casas volaba, abriendo sus fauces, lanzas sedientas de sangre en torno de las siete puertas, bocas de la ciudad, pero hoy se ha ido, antes de haber podido saciar en nuestra sangre sus mandíbulas y antes de haber prendido pinosa madera ardiendo en las torres corona de la muralla, tal fue el estrépito bélico que se extendió a sus espaldas: difícil es la victoria cuando el adversario es la serpiente [5], porque Zeus odia la lengua de jactancioso énfasis, y al verles cómo venían contra nosotros, prodigiosa avalancha, engreídos por el ruido del oro, lanza su tembloroso rayo contra uno que, al borde último de nuestra barreras, se alzaba ya con gritos de victoria.

Como si fuera un Tántalo [6], con la antorcha en la mano, fue a dar al duro suelo, él que como un bacante en furiosa acometida, entonces, soplaba contra Tebas vientos de enemigo arrebato. Resultaron de otro modo, las cosas: rudos golpes distribuyó –uno para cada uno– entre los demás caudillos, Ares, empeñado, propicio dios.

Siete caudillos, cabe las siete puertas apostados, iguales contra iguales, dejaron a Zeus juez de la victoria, tributo broncíneo totalmente; menos los dos míseros que, nacidos de un mismo padre y una misma madre, levantaron, el uno contra el otro, sus lanzas – armas de principales paladines–, y ambos lograron su parte en una muerte común.

Y, pues, exaltadora de nombres, la Victoria ha llegado a Tebas rica en carros, devolviendo a la ciudad la alegría, conviene dejar en el olvido las lides de hasta ahora, organizar nocturnas rondas que recorran los templos de los dioses todos; y Baco, las danzas en cuyo honor conmueven la tierra de Tebas, que él nos guíe.

Sale del palacio, con séquito, Creonte.

Corifeo: Pero he aquí al rey de esta tierra. Creonte, hijo de Meneceo, que se acerca, nuevo caudillo por las nuevas circunstancias reclamado; ¿qué proyecto debatiendo nos habrá congregado, a esta asamblea de ancianos, que aquí en común hemos acudido a su llamada?

Creonte: Ancianos, el timón de la ciudad que los dioses bajo tremenda tempestad habían conmovido, hoy de nuevo enderezan rumbo cierto. Si yo por mis emisa-

rios os he mandado aviso, a vosotros entre todos los
ciudadanos, de venir aquí, ha sido porque conozco
bien vuestro respeto ininterrumpido al gobierno de
Layo, y también, igualmente, mientras regía Edipo la
ciudad; porque sé que cuando él murió vuestro sentimiento de lealtad os hizo permanecer al lado de sus
hijos. Y pues ellos en un solo día, víctimas de un
doble, común destino, se han dado muerte, mancha de
fratricidio que a la vez causaron y sufrieron, ya, pues,
en razón de mi parentesco familiar con los caídos,
todo el poder, la realeza asumo. Es imposible conocer
el ánimo, las opiniones y principios de cualquier
hombre que no se haya enfrentado a la experiencia de
gobierno y de la legislación. A mí, quienquiera que,
encargado del gobierno total de una ciudad, no se
acoge al parecer de los mejores sino que, por miedo a
algo, tiene la boca cerrada, el tal me parece –y no sólo
ahora, sino desde siempre– un individuo pésimo. Y el
que en más considera a un amigo que a su propia
patria, éste no se merece consideración alguna, porque yo –sépalo Zeus, eterno escrutador de todo– ni
puedo estarme callado al ver que se cierne sobre mis
conciudadanos no salvación, sino castigo divino, ni
podría considerar amigo mío a un enemigo de esta
tierra, y esto porque estoy convencido de que en esta
nave está la salvación y en ella, si va por buen camino,
podemos hacer amigos. Estas son las normas con que
me propongo hacer la grandeza de Tebas, y hermanas
de ellas las órdenes que hoy he mandado pregonar a
los ciudadanos sobre los hijos de Edipo: a Etéocles,
que luchando en favor de la ciudad por ella ha
sucumbido, totalmente el primero en el manejo de la
lanza, que se le entierre en una tumba y que se le

propicie con cuantos sacrificios se dirigen a los más ilustres muertos, bajo tierra; pero a su hermano, a Polinices, digo, que, exiliado, a su vuelta quiso por el fuego arrasar, de arriba a abajo, la tierra patria y los dioses de la raza, que quiso gustar la sangre de algunos de sus parientes y esclavizar a otros; a éste, heraldos he mandado a que anuncien que en esta ciudad no se le honra, ni con tumba ni con lágrimas: dejarle insepulto, presa expuesta al azar de las aves y los perros, miserable despojo para los que le vean. Tal es mi decisión: lo que es por mí, nunca tendrán los criminales el honor que corresponde a los ciudadanos justos: no, por mi parte tendrá honores quienquiera que cumpla con el Estado, tanto en muerte como en vida.

Corifeo: Hijo de Meneceo, obrar así con el amigo y con el enemigo de la ciudad, éste es tu gusto, y sí, puedes hacer uso de la ley como quieras, sobre los muertos y sobre los que vivimos todavía.

Creonte: Y ahora, pues, como guardianes de las órdenes dadas...

Corifeo: Imponle a uno más joven que soporte este peso.

Creonte: No es eso: ya hay hombres encargados de la custodia del cadáver.

Corifeo: Entonces, si es así, ¿qué otra cosa quieres aún recomendarnos?

Creonte: Que no condescendáis con los infractores de mis órdenes.

Corifeo: Nadie hay tan loco que desee la muerte.

Creonte: Pues ésa, justamente, es la paga; que muchos hombre se han perdido, por afán de lucro.

Del monte viene un soldado, uno de los guardia-

Antígona

nes del cadáver de Polinices. Sorprende a Creonte cuando estaba subiendo ya las escaleras del palacio. Se detiene al advertir su llegada.

Guardián: Señor, no te diré que vengo con tanta prisa que me falta ya el aliento ni que he movido ligero mis pies. No, que muchas veces me han detenido mis reflexiones y he dado la vuelta en mi camino, con intención de volverme; muchas veces mi alma me decía, en su lenguaje: "Infeliz, ¿cómo vas adonde en llegando serás castigado?... ¿Otra vez te detienes, osado? Cuando lo sepa por otro Creonte, ¿piensas que no vas a sufrir un buen castigo?..." Con tanto darle vueltas iba acabando mi camino, ni que sea breve, que no resulte largo. Al fin venció en mí la decisión de venir hasta ti y aquí estoy, que, aunque nada podrá explicarte, hablaré al menos; y el caso es que he venido asido a una esperanza, que no puede pasarme nada que no sea mi destino.

Creonte: Pero, veamos: ¿qué razón hay para que estés así desanimado?

Guardián: En primer lugar te explicaré mi situación: yo ni lo hice ni vi a quien lo hizo ni sería justo que cayera en desgracia por ello.

Creonte: Buen cuidado pones en enristrar tus palabras, atento a no ir directo al asunto. Evidentemente, vas a hacernos saber algo nuevo.

Guardián: Es que las malas noticias suelen hacer que uno se retarde.

Creonte: Habla de una vez: acaba y luego vete.

Guardián: Ya hablo, pues: vino alguien que enterró al muerto, hace poco: echó sobre su cuerpo árido polvo y cumplió los ritos necesarios.

Creonte: ¿Qué dices? ¿Qué hombre pudo haber, tan osado?

Guardián: No sé sino que allí no había señal que delatara ni golpe de pico ni surco de azada: estaba el suelo intacto, duro y seco, y no había roderas de carro: fue aquello obra de obrero que no deja señal. Cuando nos lo mostró el centinela del primer turno de la mañana, todos tuvimos una desagradable sorpresa: el cadáver había desaparecido, no enterrado, no, pero con una leve capa de polvo encima, obra como de alguien que quisiera evitar una ofensa a los dioses... Tampoco se veía señal alguna de fiera ni de perro que se hubiera acercado al cadáver, y menos que lo hubiera desgarrado. Entre nosotros hervían sospechas infamantes, de unos a otros; un guardián acusaba a otro guardián y la cosa podía haber acabado a golpes de no aparecer quien lo impidiera; cada uno a su turno era culpable pero nadie lo era y todos eludían saber algo. Todos estábamos dispuestos a coger con la mano un hierro candente, a caminar sobre fuego, a jurar por los dioses que no habíamos hecho aquello y que no conocíamos ni al que lo planeó ni al que lo hizo. Por fin, visto que, de tanta inquisición, nada sacábamos, habló uno de nosotros y a todos de temor nos hizo fijar en el suelo, y el caso es que no podíamos replicarle ni teníamos forma de salir bien parados, de hacer lo que propuso: que era necesario informarte a ti de aquel asunto y que no podía ocultársete; esta opinión prevaleció, y a mí, desgraciado, tiene que tocarme la mala suerte y he de cargar con la ganga y heme aquí, no por mi voluntad y tampoco porque querráis vosotros, ya lo sé, que no hay quien quiera a un mensajero que trae malas noticias.

Antígona 85

Corifeo: *(A Creonte).* Señor, a mí hace ya rato que me ronda la idea de si en esto no habrá la mano de los dioses.

Creonte: *(Al coro).* Basta, antes de hacerme rebosar en ira, con esto que dices; mejor no puedan acusarte a la vez de ancianidad y de poco juicio, porque en verdad que lo que dices no es soportable, que digas que las divinidades se preocupan en algo de este muerto. ¿Cómo iban a enterrarle, especialmente honrándole como benefactor, a él, que vino a quemar las columnatas de sus templos, con las ofrendas de los fieles, a arruinar la tierra y las leyes a ellos confiadas? ¿Cuándo viste que los dioses honraran a los malvados? No puede ser. Tocante a mis órdenes, gente hay en la ciudad que mal las lleva y que en secreto de hace ya tiempo contra mí murmuran y agitan su cabeza, incapaces de mantener su cuello bajo el yugo, como es justo, porque no soportan mis órdenes; y estoy convencido, éstos se han dejado corromper por una paga de esta gente que digo y han hecho este desmán, porque entre los hombres, nada, ninguna institución ha prosperado nunca tan funesta como la moneda; ella destruye las ciudades, ella saca a los hombres de su patria; ella se encarga de perder a hombres de buenos principios, de enseñarles a fondo a instalarse en la vileza; para el bien y para el mal igualmente dispuestos hace a los hombres y les hace conocer la impiedad, que a todo se atreve. Cuantos se dejaron corromper por dinero y cumplir estos actos, realizaron hechos que un día, con el tiempo, tendrán su castigo. *(Al guardián).* Pero, tan cierto como que Zeus tiene siempre mi respeto, que sepas bien esto que en juramento afirmo: si no encontráis al que con sus propias manos hizo esta sepultura, si no aparece ante mis propios ojos, para vosotros no va a bastar con sólo el Hades [7], y antes, vivos, os voy a colgar hasta que confeséis vuestra desmesurada acción, para que aprendáis de dónde se saca el dinero y de allí lo saquéis en lo futuro; ya veréis como no se puede ser amigo de un lucro venido de cualquier parte. Por ganancias que de vergonzosos actos derivan pocos quedan a salvo y muchos más reciben su castigo, como puedes saber.

Guardián: ¿Puedo decir algo o me doy media vuelta, así, y me marcho?

Creonte: Pero, ¿todavía no sabes que tus palabras me molestan?

Guardián: Mis palabras, ¿te muerden en el oído o en el alma?

Creonte: ¿A qué viene ponerte a detectar con precisión en qué lugar me duele?

Guardián: Porque el que te hiere el alma es el culpable; yo te hiero en las orejas.

Creonte: ¡Ah, está claro que tú naciste charlatán!

Guardián: Puede, pero lo que es este crimen no lo hice.

Creonte: Y un charlatán que, además, ha vendido su alma por dinero.

Guardián: Ay, si es terrible, que uno tenga sospechas y que sus sospechas sean falsas.

Creonte: ¡Si sospechas, enfatiza! Si no aparecen los culpables, bastante pregonaréis con vuestros gritos el triste resultado de ganancias miserables.

Creonte y su séquito se retiran.
En las escaleras pueden oír las palabras del guardián.

Antígona

Guardián: ¡Que encuentren al culpable, tanto mejor! pero, tanto si lo encuentran como si no –que en esto decidirá el azar–, no hay peligro, no, de que me veas venir otra vez a tu encuentro. Y ahora que me veo salvado contra toda esperanza, contra lo que pensé, me siento obligadísimo para con los dioses.

Coro: Muchas cosas hay portentosas, pero ninguna tan portentosa como el hombre; él, que ayudado por el noto tempestuoso llega hasta el otro extremo de la espumosa mar, atravesándola a pesar de las olas que rugen, descomunales; él que fatiga la sublimísima divina tierra, inconsumible, inagotable, con el ir y venir del arado, año tras año recorriéndola con sus mulas.

Con sus trampas captura a la tribu de los pájaros incapaces de pensar y al pueblo de los animales salvajes y a los peces que viven en el mar, en las mallas de sus trenzadas redes, el ingenioso hombre que con su ingenio domina al salvaje animal montaraz; capaz de uncir con un yugo que su cuello por ambos lados sujete al caballo de poblada crin y al toro también infatigable de la sierra: y la palabra por sí mismo ha aprendido y el pensamiento, rápido como el viento, y el carácter que regula la vida en sociedad, y huir de la intemperie desapacible bajo los dardos de la nieve y de la lluvia: recursos tiene para todo, y, sin recursos, en nada se aventura hacia el futuro; sólo la muerte no ha conseguido evitar, pero sí se ha agenciado formas de eludir las enfermedades inevitables.

Referente a la sabia inventiva, ha logrado conocimientos técnicos más allá de lo esperable y a veces los encamina hacia el mal, otras veces hacia el bien. Si cumple los usos locales y la justicia por divinos juramentos confirmada, a la cima llega de la ciudadanía; si, atrevido, del crimen hace su compañía, sin ciudad queda: ni se siente en mi mesa ni tenga pensamientos iguales a los míos, quien tal haga.

Entra el guardián de antes llevando a Antígona.

Corifeo: No sé, dudo si esto sea prodigio obrado por los dioses... *(Al advertir la presencia de Antígona).* Pero, si la reconozco, ¿cómo puedo negar que ésta es la joven Antígona? Ay, mísera, hija de mísero padre, Edipo, ¿qué es esto? ¿Te traen acaso porque no obedeciste lo legislado por el rey? ¿Te detuvieron osando una locura?

Guardián: Sí, ella, ella es la que lo hizo: la cogimos cuando lo estaba enterrando... pero, Creonte, ¿dónde está?

Al oír los gritos del guardián, Creonte, recién entrado, vuelve a salir con su séquito.

Corifeo: Aquí: ahora vuelve a salir, en el momento justo, de palacio.

Creonte: ¿Qué sucede? ¿Qué hace tan oportuna mi llegada?

Guardián: Señor, nada hay que pueda un mortal empeñarse en jurar que es imposible: la reflexión desmiente la primera idea. Así, me iba convencido por la tormenta de amenazas a que me sometiste: que no volvería yo a poner aquí los pies; pero, como la alegría que sobreviene más allá de y contra toda esperanza no se parece, tan grande es, a ningún otro placer, he aquí que he venido a pesar de haberme comprometido a no venir con juramento para traerte a esta muchacha que ha sido hallada componiendo una tumba. Y ahora no vengo porque se haya echado a suerte, no, sino porque este hallazgo feliz me corresponde a mí y no a ningún otro. Y ahora, señor, tú mismo, según quieras, la coges y ya puedes investigar y preguntarle; en cuanto a mí, ya puedo liberarme de este peligro: soy libre, exento de injusticia.

Creonte: Pero ésta que me traes, ¿de qué modo y dónde la apresasteis?

Guardián: Estaba enterrando al muerto: ya lo sabes todo.

Creonte: ¿Te das cuenta? ¿Entiendes cabalmente lo que dices?

Guardián: Sí, que yo la vi a ella enterrando al muerto que tú habías dicho que quedase insepulto: ¿o es que no es evidente y claro lo que digo?

Creonte: ¿Y cómo fue que la sorprendierais y cogierais en pleno delito?

Guardián: Fue así la cosa: cuando volvimos a la guardia, bajo el peso terrible de tus amenazas, después de barrer todo el polvo que cubría el cadáver, dejando bien al desnudo su cuerpo ya en descomposición, nos sentamos al abrigo del viento, evitando que al soplar desde lo alto de las peñas nos enviara el hedor que despedía. Los unos a los otros con injuriosas palabras despiertos y atentos nos teníamos, si alguien descuidaba la fatigosa vigilancia. Esto duró bastante tiempo, hasta que se constituyó en mitad del cielo la brillante esfera solar y el calor quemaba: entonces, de pronto, un torbellino suscitó del suelo tempestad de polvo –pena enviada por los dioses– que llenó la llanura, desfigurando las copas de los árboles del llano, y que impregnó toda la extensión del aire; sufrimos aquel mal que los dioses mandaban con los ojos cerrados, y cuando luego, después de largo tiempo, se aclaró, vimos a esta doncella que gemía agudamente como el ave condolida que ve, vacío de sus crías, el nido en que yacían, vacío. Así, ella, al ver el cadáver desvalido, se estaba gimiendo y llorando y maldecía a los autores de aquello. Veloz en las manos lleva árido polvo y de un aguamanil de bronce bien forjado de arriba a abajo triple libación vierte, corona para el muerto; nosotros, al verla, presurosos la apresamos, todos juntos, en seguida, sin que ella muestre temor en lo absoluto, y así, pues, aclaramos lo que antes pasó y lo que ahora; ella, allí de pie, nada ha negado; y a mí me alegra a la vez y me da pena, que cosa placentera es, sí, huir uno mismo de males, pero penoso es llevar a su mal a gente amiga. Pero todas las demás consideraciones valen para mí menos que el verme a salvo.

Creonte: *(A Antígona).* Y tú, tú que inclinas al suelo tu rostro, ¿confirmas o desmientes haber hecho esto?

Antígona: Lo confirmo, sí; yo lo hice, y no lo niego.

Creonte: *(Al guardián).* Tú puedes irte adonde quieras, libre ya del peso de mi inculpación; *(Sale el guardián.)* pero tú *(a Antígona)* dime brevemente, sin extenderte; ¿sabías que estaba decretado no hacer esto?

Antígona: Sí, lo sabía: ¿cómo no iba a saberlo? Todo el mundo lo sabe.

Creonte: Y así y todo, ¿te atreviste a pasar por encima de la ley?

Antígona: No era Zeus quien me la había decretado, ni Dike, compañera de los dioses subterráneos, perfiló

Antígona

nunca entre los hombres leyes de este tipo. Y no creía yo que tus decretos tuvieran tanta fuerza como para permitir que sólo un hombre pueda saltar por encima de las leyes no escritas, inmutables, de los dioses: su vigencia no es de hoy ni de ayer, sino de siempre, y nadie sabe cuándo fue que aparecieron. No iba yo a atraerme el castigo de los dioses por temor a lo que pudiera pensar alguien: ya veía, ya, mi muerte –¿cómo no?–, aunque tú no hubieses decretado nada; y, si muero antes de tiempo, yo digo que es ganancia: quien, como yo, entre tantos males vive, ¿no sale acaso ganando con su muerte? Y así, no es, no desgracia, para mí, tener este destino; y en cambio, si el cadáver de un hijo de mi madre estuviera insepulto y yo lo aguantara, entonces, eso sí me sería doloroso; lo otro, en cambio, no me es doloroso: puede que a ti te parezca que obré como una loca, pero poco más o menos, es a un loco a quien doy cuenta de mi locura.

Corifeo: Muestra la joven fiera audacia, hija de un padre fiero: no sabe ceder al infortunio.

Creonte: *(Al coro).* Sí, pero sepas que los más inflexibles pensamientos son los más prestos a caer: y el hierro que, una vez cocido, el fuego hace fortísimo y muy duro, a menudo verás cómo se resquebraja, lleno de hendiduras; sé de fogosos caballos que una pequeña brida ha domado; no cuadra la arrogancia al que es esclavo del vecino; y ella se daba perfecta cuenta de la suya, al transgredir las leyes establecidas; y, después de hacerlo, otra nueva arrogancia: ufanarse y mostrar alegría por haberlo hecho. En verdad que el hombre no soy yo, que el hombre es ella[8], si ante esto no siente el peso de la autoridad; pero, por muy de sangre de mi hermana que sea, aunque sea más de mi sangre que todo el Zeus que preside mi hogar, ni ella ni su hermana podrán escapar de muerte infamante, porque a su hermana también la acuso de haber tenido parte en la decisión de sepultarle. *(A los esclavos)*. Llamadla. *(Al coro)*. Sí, la he visto dentro hace poco, fuera de sí, incapaz de dominar su razón; porque, generalmente, el corazón de los que traman en la sombra acciones no rectas, antes de que realicen su acción, ya resulta convicto de su artería. Pero, sobre todo, mi odio es para la que, cogida en pleno delito, quiere después darle timbres de belleza.

Antígona: Ya me tienes: ¿buscas aún algo más que mi muerte?

Creonte: Por mi parte, nada más; con tener esto, lo tengo ya todo.

Antígona: ¿Qué esperas, pues?, a mí, tus palabras ni me placen ni podrían nunca llegar a complacerme; y las mías también a ti te son desagradables. De todos modos, ¿cómo podía alcanzar más gloriosa gloria que enterrando a mi hermano? Todos éstos te dirían que mi acción les agrada, si el miedo no les tuviera cerrada la boca: pero la tiranía tiene, entre otras muchas ventajas, la de poder hacer y decir lo que le venga en gana.

Creonte: De entre todos los cadmeos, este punto de vista es sólo tuyo.

Antígona: Que no, que es el de todos: pero ante ti cierran la boca.

Creonte: ¿Y a ti no te avergüenza pensar distinto a ellos?

Antígona: Nada hay vergonzoso en honrar a los hermanos.

Creonte: ¿Y no era acaso tu hermano el que murió frente a él?

Antígona: Mi hermano era del mismo padre y de la misma madre.
Creonte: Y siendo así, ¿cómo tributas al uno honores impíos para el otro?
Antígona: No sería ésta la opinión del muerto.
Creonte: Si tú le honras igual que al impío.
Antígona: Cuando murió no era su esclavo: era su hermano.
Creonte: Que había venido a arrasar el país; y el otro se opuso en su defensa.
Antígona: Con todo, Hades requiere leyes igualitarias.
Creonte: Pero no que el que obró bien tenga la misma suerte que el malvado.
Antígona: ¿Quién sabe si allí abajo mi acción es elogiable?
Creonte: No, en verdad no, que un enemigo, ni muerto será jamás mi amigo [9].
Antígona: No nací para compartir el odio, sino el amor.
Creonte: Pues vete abajo y, si te quedan ganas de amar, ama a los muertos que a mí, mientras viva, no ha de mandarme una mujer.

Se acerca Ismene entre dos esclavos.

Corifeo: He aquí, ante las puertas, he aquí a Ismene; lágrimas vierte, de amor por su hermana; una nube sobre sus cejas su sonrosado rostro afea; sus bellas mejillas, en llanto bañadas.
Creonte: *(A Ismene).* Y tú, que te movías por palacio en silencio, como una víbora, apurando mi sangre... Sin darme cuenta, alimentaba dos desgracias que querían arruinar mi trono. Venga, habla: ¿vas a decirme, también tú, que tuviste tu parte en lo de la tumba, o jurarás no saber nada?

Ismene: Si ella está de acuerdo, yo lo he hecho: acepto mi responsabilidad; con ella cargo.

Antígona: No, que no te lo permite la justicia; ni tú quisiste ni te di yo parte en ello.

Ismene: Pero, ante tu desgracia, no me avergüenza ser tu socorro en el remo, por el mar de tu dolor.

Antígona: De quién fue obra bien lo saben Hades y los de allí abajo; por mi parte, no soporto que sea mi amiga quien lo es tan sólo de palabra.

Ismene: No, hermana, no me niegues el honor de morir contigo y el de haberte ayudado a cumplir los ritos debidos al muerto.

Antígona: No quiero que mueras tú conmigo ni que hagas tuyo algo en lo que no tuviste parte: bastará con mi muerte.

Ismene: ¿Y cómo podré vivir, si tú me dejas?

Antígona: Pregúntale a Creonte, ya que tanto te preocupas por él.

Ismene: ¿Por qué me hieres así, sin sacar con ello nada?

Antígona: Aunque me ría de ti, en realidad te compadezco.

Ismene: Y yo, ahora, ¿en que otra cosa podría serte útil?

Antígona: Sálvate: yo no he de envidiarte si te salvas.

Ismene: ¡Ay de mí, desgraciada; y no poder acompañarte en tu destino!

Antígona: Tú escogiste vivir, y yo la muerte.

Ismene: Pero no sin que mis palabras, al menos, te advirtieran.

Antígona: Para unos, tú pensabas bien...; yo para otros.

Ismene: Pero las dos ahora hemos faltado igualmente.

Antígona: Animo, deja eso ya; a ti te toca vivir; en cuanto a mí, mi vida se acabó hace tiempo, por salir en ayuda de los muertos.

Antígona 95

Creonte: *(Al coro).* De estas dos muchachas, la una os digo que acaba de enloquecer y la otra que está loca desde que nació.
Ismene: Es que la razón, señor, aunque haya dado en uno sus frutos, no se queda, no, cuando agobia la desgracia, sino que se va.
Creonte: La tuya, al menos, que escogiste obrar mal juntándote con malos.
Ismene: ¿Qué puede ser mi vida, ya, sin ella?
Creonte: No, no digas ni "ella", porque ella ya no existe.
Ismene: Pero, ¿cómo?, ¿matarás a la novia de tu hijo?[10]
Creonte: No ha de faltarle tierra que pueda cultivar.
Ismene: Pero esto es faltar a lo acordado entre él y ella.
Creonte: No quiero yo malas mujeres para mis hijos.
Antígona: ¡Ay, Hemón querido! Tu padre te falta al respeto.
Creonte: Demasiado molestas, tú y tus bodas.
Corifeo: Así pues, ¿piensas privar de Antígona a tu hijo?
Creonte: Hades, él pondrá fin a estas bodas.
Corifeo: Parece, pues, cosa resuelta que ella muera.
Creonte: Te lo parece a ti, también a mí. Y venga ya, no más demora; llevadlas dentro, esclavos, estas mujeres conviene que estén atadas, y no que anden sueltas: huyen hasta los más valientes, cuando sienten a la muerte rondarles por la vida.

Los guardas que acompañaban a Creonte, acompañan a Antígona e Ismene dentro del palacio. Entra también Creonte.

Coro: Felices aquellos que no prueban en su vida la desgracia. Pero si un dios azota de males la casa de alguno, la ceguera no queda, no, al margen de ella y hasta el final del linaje la acompaña. Es como cuando contrarios, enfurecidos vientos traiciones hinchan el oleaje que sopla sobre el abismo del profundo mar; de sus profundidades negra arena arremolina, y gimen ruidosas, oponiéndose al azote de contrarios embates, las rocas de la playa.

Así veo las penas de la casa de los Labdácidas cómo se abaten sobre las penas de los ya fallecidos: ninguna generación liberará a la siguiente, porque algún dios la aniquila, y no hay salida. Ahora, una luz de esperanza cubría a los últimos vástagos de la casa de Edipo; pero, de nuevo, el hacha homicida de algún dios subterráneo la siega, y la locura en el hablar y una Erinis en el pensamiento.

¿Que soberbia humana podría detener, Zeus, tu poderío? Ni el sueño puede apresarla, él, que todo lo domina, ni la duración infatigable del tiempo entre los dioses. Tú, Zeus, soberano que no conoces la vejez, reinas sobre la centelleante, esplendorosa serenidad del Olimpo. En lo inminente, en lo porvenir y en lo pasado, tendrá vigencia esta ley: en la vida de los hombres, ninguno se arrastra –al menos por largo tiempo– sin ceguera.

La esperanza, en su ir y venir de un lado a otro, resulta útil, sí, a muchos hombres; para muchos otros, un engaño del deseo, capaz de confiar en lo vacuo: el hombre nada sabe, y le llega cuando acerca a la caliente brasa el pie [11]. Resulta ilustre este dicho, debido no sé a la sabiduría de quién: el mal parece un día bien al hombre cuya mente lleva un dios a la ceguera; brevísimo es ya el tiempo que vive sin ruina.

Sale Creonte de palacio. Aparece Hemón a lo lejos.

Corifeo: *(A Creonte)*. Pero he aquí a Hemón, el más joven de tus vástagos: ¿viene acaso dolorido por la suerte de Antígona, su prometida, muy condolido al ver frustrada su boda?

Creonte: Al punto lo sabremos, con más seguridad que los adivinos. (A Hemón). Hijo mío, ¿vienes aquí porque has oído mi última decisión sobre la doncella que a punto estabas de esposar y quieres mostrar tu furia contra tu padre?, ¿o bien porque, haga yo lo que haga, soy tu amigo?

Hemón: Padre, soy tuyo, y tú derechamente me encaminas con tus benévolos consejos que siempre he de seguir; ninguna boda puede ser para mí tan estimable que la prefiera a tu buen gobierno.

Creonte: Y así, hijo mío, has de guardar esto en el pecho: en todo estar tras la opinión paterna; por eso es que los hombres piden engendrar hijos y tenerlos sumisos en su hogar: porque devuelvan al enemigo el mal que les causó y honren, igual que a su padre, a su amigo; el que, en cambio, siembra hijos inútiles, ¿qué otra cosa podrías decir de él, salvo que se engendró dolores, motivo además de gran escarnio para sus enemigos? No, hijo, no dejes que se te vaya el conocimiento tras el placer, a causa de una mujer; sabe que compartir el lecho con una mala mujer, tenerla en casa, esto son abrazos que hielan... Porque, ¿qué puede herir más que un mal hijo? No, despréciala como si se tratara de algo odioso, déjala; que se vaya al Hades a encontrar otro novio. Y pues que yo la hallé, sola a ella de entre toda la ciudad, desobedeciendo, no voy a permitir que mis órdenes parezcan falsas a los ciudadanos; no, he de matarla. Y ella, que le vaya con himnos al Zeus que protege a los de la misma sangre. Porque si alimento el desorden entre los de mi sangre, esto constituye una pauta para los extraños. Se sabe quién se porta bien con su familia según se muestre justo a la ciudad. Yo confiadamente creo que el hombre que en su casa gobierna sin tacha quiere también verse bien gobernado, él, que es capaz en la inclemencia del combate de mantenerse en su sitio, modélico y noble compañero de los de su fila; en cambio, el que, soberbio, a las leyes hace violencia, o piensa en imponerse a los que manda, éste nunca puede ser que reciba mis elogios. Aquel que la ciudad ha instituido como jefe, a este hay que oírle, diga cosas baladíes, ejemplares o todo lo contrario. No hay desgracia mayor que la anarquía: ella destruye las ciudades, conmociona y revuelve las familias; en el combate, rompe las lanzas y promueve las derrotas. En el lado de los vencedores, es la disciplina lo que salva a muchos. Así pues, hemos de dar nuestro brazo a lo establecido con vistas al orden, y, en todo caso, nunca dejar que una mujer nos venza; preferible es –si ha de llegar el caso– caer ante un hombre: que no puedan enrostrarnos ser más débiles que mujeres.

Corifeo: Si la edad no nos sorbió el entendimiento, nosotros entendemos que hablas con prudencia lo que dices.

Hemón: Padre, el más sublime don que de todas cuantas riquezas existen dan los dioses al hombre es la prudencia. Yo no podría ni sabría explicar por qué tus razones no son del todo rectas; sin embargo, podría una interpretación en otro sentido ser correcta. Tú no has podido constatar lo que por Tebas se dice; lo que se hace o se reprocha. Tu rostro impone respeto al hombre de la calle; sobre todo si ha de dirigírsete con palabras que no te daría gusto escuchar. A mí, en cambio, me es posible oír, en la sombra, y son: que la ciudad se lamenta por la suerte de esta joven que muere de mala muerte, como la más innoble de todas las mujeres, por obras que ha cumplido bien gloriosas. Ella, que no ha querido que su propio hermano, sangrante muerto, desapareciera sin sepultura ni que lo deshicieran ni perros ni aves voraces, ¿no se ha hecho así acreedora de dorados honores? Esta es la oscura petición que en silencio va propagándose. Padre, para mí no hay bien más preciado que tu felicidad y buena ventura: ¿qué puede ser mejor ornato que la fama creciente de su padre, para un hijo, y qué, para un padre, con respecto a sus hijos? No te habitúes, pues, a pensar de una manera única, absoluta, que lo que tú dices –mas no otra cosa–, esto es cierto. Los que creen que ellos son los únicos que piensan o que tienen un modo de hablar o un espíritu como nadie, éstos aparecen vacíos de vanidad, al ser descubiertos.

Para un hombre, al menos si es prudente, no es nada vergonzoso ni aprender mucho ni no mostrarse en exceso intransigente; mira, en invierno, a la orilla de los torrentes acrecentados por la lluvia invernal, cuántos árboles ceden, para salvar su ramaje; en cambio, el que se opone sin ceder, éste acaba descuajado. Y así, el que, seguro de sí mismo, la escota de su nave tensa, sin darle juego, hace el resto de su travesía con la bancada al revés, hacia abajo. Por tanto, no me extremes tu rigor y admite el cambio. Porque, si cuadra a mi juventud emitir un juicio, digo que en mucho estimo a un hombre que ha nacido lleno de ciencia innata, mas, con todo –como a la balanza no le agrada caer por ese lado [12]–, que bueno es tomar consejo de los que bien lo dan.

Corifeo: Lo que dicho a propósito, señor, conviene que lo aprendas. *(A Hemón)*. Y tú igual de él; por ambas partes bien se ha hablado.

Creonte: Sí, encima, los de mi edad vamos a tener que aprender a pensar según el natural de jóvenes de la edad de éste.

Hemón: No, en lo que no sea justo. Pero, si es cierto que soy joven, también lo es que conviene más en las obras fijarse que en la edad.

Creonte: ¡Valiente obra, honrar a los transgresores del orden!

Hemón: En todo caso, nunca dije que se debiera honrar a los malvados.

Creonte: ¿Ah, no? ¿Acaso no es de maldad que está ella enferma?

Hemón: No es eso lo que dicen sus compatriotas tebanos.

Creonte: Pero, ¿es que me van a decir los ciudadanos lo que he de mandar?

Hemón: ¿No ves que hablas como un joven inexperto?

Creonte: ¿He de gobernar esta tierra según otros o según mi parecer?

Hemón: No puede, una ciudad, ser solamente de un hombre.

Creonte: La ciudad, pues, ¿no ha de ser de quien la manda?

Hemón: A ti, lo que te iría bien es gobernar, tú solo, una tierra desierta [13].

Creonte: *(Al coro).* Está claro: se pone del lado de la mujer.
Hemón: Sí, si tú eres mujer, pues por ti miro.
Creonte: ¡Ay, miserable, y que oses procesar a tu padre!
Hemón: Porque no puedo dar por justos tus errores.
Creonte: ¿Es, pues, un error que obre de acuerdo con mi mando?
Hemón: Sí, porque lo injurias, pisoteando el honor debido a los dioses.
Creonte: ¡Infame, y detrás de una mujer!
Hemón: Quizá, pero no podrás decir que me cogiste cediendo a infamias.
Creonte: En todo caso, lo que dices, todo, es en favor de ella.
Hemón: También en tu favor, y en el mío, y en favor de los dioses subterráneos.
Creonte: Pues nunca te casarás con ella, al menos viva.
Hemón: Sí, morirá, pero su muerte ha de ser la ruina de alguien.
Creonte: ¿Con amenazas me vienes ahora, atrevido?
Hemón: Razonar contra argumentos vacíos; en ello, ¿qué amenaza puede haber?
Creonte: Querer enjuiciarme ha de costarte lágrimas: tú, que tienes vacío el juicio.
Hemón: Si no fueras mi padre, diría que eres tú el que no tiene juicio.
Creonte: No me fatigues más con tus palabras, tú, juguete de una mujer.
Hemón: Hablar y hablar, y sin oír a nadie: ¿es esto lo que quieres?
Creonte: ¿Con que sí, eh? Por este Olimpo, entérate de que no añadirás a tu alegría el insultarme, después de tus reproches. *(A unos esclavos).* Traedme a aquella

odiosa mujer para que aquí y al punto, ante sus ojos, presente su novio, muera.

Hemón: Eso sí que no: no en mi presencia; ni se te ocurra pensarlo, que ni ella morirá a mi lado ni tú podrás nunca más, con tus ojos, ver mi rostro ante tí. Quédese esto para aquellos de los tuyos que sean cómplices de tu locura.

Sale Hemón, corriendo.

Corifeo: El joven se ha ido bruscamente, señor, lleno de cólera, y el dolor apesadumbra mentes tan jóvenes.
Creonte: Dejadle hacer: que se vaya y se crea más que un hombre; lo cierto es que a estas dos muchachas no las separará de su destino.
Corifeo: ¿Cómo? Así pues, ¿piensas matarlas a las dos?
Creonte: No a la que no tuvo parte, dices bien.
Corifeo: Y a Antígona, ¿qué clase de muerte piensas darle?
Creonte: La llevaré a un lugar que no conozca la pisada del hombre y, viva, la enterraré en un subterráneo de piedra, poniéndole comida, sólo la que baste para la expiación, a fin de que la ciudad quede sin mancha de sangre, enteramente. Y allí, que vaya con súplicas a Hades, el único dios que venera: quizá logre salvarse de la muerte. O quizás, aunque sea entonces, pueda darse cuenta de que es trabajo superfluo respetar a un muerto.

Entra Creonte en palacio.

Coro: Eros invencible en el combate, que te ensañas como en medio de reses, que pasas la noche en las blandas mejillas de una jovencita y frecuentas, cuando no el mar, rústicas cabañas. Nadie puede escapar de ti, ni aun los dioses inmortales; ni tampoco ningún hombre, de los que un día vivimos; pero tenerte a ti enloquece[14].

Tú vuelves injustos a los justos y los lanzas a la ruina; tú, que, entre hombres de la misma sangre, también esta discordia has promovido, y vence el encanto que brilla en los ojos de la novia al lecho prometida. Tú, asociado con las sagradas leyes que rigen el mundo; va haciendo su juego, sin lucha, la divina Afrodita[15].

Corifeo: Y ahora ya hasta yo me siento arrastrado a rebelarme contra leyes sagradas, al ver esto, y ya no puedo detener un manantial de lágrimas cuando la veo a ella, a Antígona, que a su tálamo va, pero de muerte.

Aparece Antígona entre dos esclavos de Creonte, con las manos atadas a la espalda.

Antígona: Miradme, ciudadanos de la tierra paterna, que mi último camino recorro, que el esplendor del sol por última vez miro: ya nunca más; Hades, que todo lo adormece, viva me recibe en la playa de Aqueronte[16], sin haber tenido mi parte en himeneos, sin que me haya celebrado ningún himno, a la puerta nupcial... No. Con Aqueronte, voy a casarme.

Corifeo: Ilustre y alabada te marchas al antro de los muertos, y no porque mortal enfermedad te haya golpeado, ni porque tu suerte haya sido morir a espada. Al contrario, por tu propia decisión, fiel a tus leyes, en vida y sola, desciendes entre los muertos al Hades.

Antígona: He oído hablar de la suerte tristísima de

Níobe [17], la extranjera frigia, hija de Tántalo, en la cumbre del Sípilo, vencida por la hiedra. Y allí se consume, sin que nunca la dejen –así es fama entre los hombres– ni la lluvia ni el frío, y sus cejas, ya piedra, siempre destilando, humedecen sus mejillas. Igual, al igual que ella, me adormece a mí el destino.

Corifeo: Pero ella era una diosa, de divino linaje, y nosotros mortales y de linaje mortal. Pero, con todo, cuando estés muerta ha de oírse un gran rumor: que tú, viva y después, una vez muerta, tuviste tu sitio entre los héroes próximos a los dioses.

Antígona: ¡Ay de mí, escarnecida! ¿Por qué, por los dioses paternos, no esperas a mi muerte y, en vida aún, me insultas?[18] ¡Ay, patria! ¡Ay, opulentos varones de mi patria! ¡Ay, fuentes de Diroe! ¡Ay, recinto sagrado de Tebas, rica en carros! También a vosotros, con todo, os tomo como testigos de cómo muero sin que me acompañe el duelo de mis amigos, de por qué leyes voy a un túmulo de piedras que me encierre, tumba hasta hoy nunca vista. Ay de mí, mísera, que muerta, no podré vivir entre los muertos: ni entre los vivos, pues, ni entre los muertos.

Corifeo: Superando a todos en valor, con creces, te acercaste sonriente hasta tocar el sitial elevado de Dike, hija. Tú cargas con la culpa de algún cargo paterno.

Antígona: Has tocado en mí un dolor que me abate: el hado de mi padre, tres veces renovado como la tierra tres veces arada; el destino de nuestro linaje todo, de los ínclitos Labdácidas. ¡Ay, ceguera del lecho de mi madre, matrimonio de mi madre desgraciada con mi padre que ella misma había parido! De tales padres yo, infortunada, he nacido. Y ahora voy, maldecida, sin casar, a compartir en otros sitios su morada. ¡Ay, hermano, qué desgraciadas bodas obtuviste: tú, muerto, mi vida arruinaste hasta la muerte!

Corifeo: Ser piadoso es, sí, piedad, pero el poder, para quien lo tiene a su cargo, no es, en modo alguno, transgredible: tu carácter, que bien sabías, te perdió.

Antígona: Sin que nadie me llore, sin amigos, sin himeneo, desgraciada, me llevan por camino ineludible. Ya no podré ver, infortunada, este rostro sagrado de sol, nunca más. Y mi destino quedará sin llorar, sin un amigo que gima.

Creonte: *(Ha salido del palacio y se encara con los esclavos que llevan a Antígona).* ¿No os dais cuenta de que, si la dejarais hablar, nunca cesaría en sus lamentaciones y en sus quejas? Lleváosla, pues, y cuando la hayáis cubierto en un sepulcro con bóveda, como os he dicho, dejadla sola, desvalida: si ha de morir, que muera, y, si no, que haga vida de tumba en la casa de muerte que os he dicho. Porque nosotros, en lo que concierne a este joven, quedaremos así puros[19], pero ella será así privada de vivir con los vivos.

Antígona: ¡Ay, tumba! ¡Ay, lecho nupcial! ¡Ay, subterránea morada que siempre más ha de guardarme! Hacia ti van mis pasos para encontrar a los míos. De ellos, cuantioso número ha acogido ya Perséfona[20], todos de miserable muerte muertos: de ellas, la mía es la última y la más miserable; también yo voy allí abajo, antes de que se cumpla la vida que el destino me había concedido; con todo, me alimento en la esperanza, al ir, de que me quiera mi padre cuando llegue; sea bien recibida por ti, madre, y tú me aceptes, hermano querido. Pues vuestros cadáveres, y con mi mano los lavé, yo los arreglé y sobre vuestras tumbas hice libaciones. En cuanto a ti, Polinices, por observar el respeto debido a tu cuerpo, he aquí lo que obtuve... Las personas prudentes no censuraron mis cuidados, no, porque, ni se hubiese tenido hijos ni si mi marido hubiera estado consumiéndose de muerte, nunca contra la voluntad del pueblo hubiera asumido este doloroso papel.

¿Que en virtud de qué ley digo esto? Marido, muerto el uno, otro habría podido tener, y hasta un hijo del otro nacido, de haber perdido el mío. Pero, muertos mi padre, ya, y mi madre, en el Hades los dos, no hay hermano que pueda haber nacido. Por esta ley, hermano, te honré a ti más que a nadie, pero a Creonte esto le parece mala acción y terrible atrevimiento. Y ahora me ha cogido, así, entre sus manos, y me lleva, sin boda, sin himeneo, sin parte haber tenido en esponsales, sin hijos que criar; no, que así, sin amigos que me ayuden, desgraciada, viva voy a las tumbas de los muertos: ¿por haber transgredido una ley divina?, ¿y cuál? ¿De qué puede servirme, pobre, mirar a los dioses? ¿A cuál puedo llamar que me auxilie? El caso es que mi piedad me ha ganado el título de impía, y si el título es válido para los dioses, entonces yo, que de ello soy tildada, reconoceré mi error; pero si son los demás que van errados, que los males que sufro no sean mayores que los que me imponen, contra toda justicia.

Corifeo: Los mismos vientos impulsivos dominan aún su alma.

Creonte: Por eso los que la llevan pagarán cara su demora.

Corifeo: Ay de mí, tus palabras me dicen que la muerte está muy cerca, sí.

Creonte: Y te aconsejo que en lo absoluto confíes en que para ella no se ha de cumplir esto cabalmente.

Los esclavos empujan a Antígona y ella cede, lentamente, mientras va hablando.

Antígona: ¡Oh tierra tebana, ciudad de mis padres! ¡Oh dioses de mi estirpe! Ya se me llevan, sin demora; miradme, ciudadanos principales de Tebas: a mí, a la única hija de los reyes que queda [21]; mirad qué he de sufrir, y por obra de qué hombres. Y todo, por haber respetado la piedad.

Salen Antígona y los que la llevan.

Coro: También Dánae [22] tuvo que cambiar la celeste luz por una cárcel con puerta de bronce: allí encerrada, fue uncida al yugo de un tálamo funeral. Y sin embargo, también era –¡ay, Antígona!– hija de ilustre familia, y guardaba además la semilla de Zeus a ella descendida como lluvia de oro. Pero es implacable la fuerza del destino. Ni la felicidad, ni la guerra, ni una torre, ni negras naves al azote del mar sometidas, pueden eludirlo.
Fue uncido también el irascible hijo de Drías, el rey de los edonos; por su cólera mordaz [23], Dioniso le sometió, como en coraza, a una prisión de piedra; así va consumiéndose el terrible, estado furor de su locura. El sí ha conocido al dios que con su mordaz lengua de locura había tocado, cuando quería apaciguar a las mujeres que el dios poseía y detener el fuego báquico; cuando irritaba a las Musas que se gozan en la flauta. Junto a las oscuras Simplégades, cerca de los dos

mares, he aquí la ribera del Bósforo y la costa del Tracio Salmideso [24], la ciudad a cuyas puertas Ares vio cómo de una salvaje esposa recibían maldita herida de ceguera los dos hijos de Fineo, ceguera que pide venganza en las cuencas de los ojos que manos sangrientas reventaron con puntas de lanzadera.

Consumiéndose, los pobres, su deplorable pena lloraban, ellos, los hijos de una madre tan mal maridada; aunque por su cuna remontara a los antiguos Erectidas [25], a ella que fue criada en grutas apartadas, al azar de los vientos paternos, hija de un dios, Boréada, veloz como un corcel sobre escarpadas colinas, también a ella mostraron su fuerza las Moiras [26], hija mía.

Ciego y muy anciano, guiado por un lazarillo, aparece, corriendo casi, Tiresias.

Tiresias: Soberanos de Tebas, aquí llegamos dos que el común camino mirábamos con los ojos de sólo uno: esta forma de andar, con un guía, es, en efecto, la que cuadra a los ciegos.

Creonte: ¿Qué hay de nuevo, anciano Tiresias?

Tiresias: Ya te lo explicaré, y cree lo que te diga el adivino.

Creonte: Nunca me aparté de tu consejo, hasta hoy al menos.

Tiresias: Por ello rectamente has dirigido la nave del Estado.

Creonte: Mi experiencia puede atestiguar que tu ayuda me ha sido provechosa.

Tiresias: Pues bien, piensa ahora que has llegado a un momento crucial de tu destino.

Creonte: ¿Qué pasa? Tus palabras me hacen temblar.

Antígona

Tiresias: Lo sabrás, al oír las señales que sé por mi arte; estaba yo sentado en el lugar en donde, desde antiguo, inspecciono las aves, lugar de reunión de toda clase de pájaros, y he aquí que oigo un hasta entonces nunca oído rumor de aves: frenéticos, crueles gritos ininteligibles. Me di cuenta que unos a otros, garras homicidas, se herían: esto fue lo que deduje de sus estrepitosas alas; al punto, amedrentado, tanteé con una víctima en las encendidas aras, pero Hefesto no elevaba la llama: al contrario, la grasa de los muslos caía gota a gota sobre la ceniza y se consumía, humeante y crujiente; las hieles esparcían por el aire su hedor; los muslos se quemaron, se derritió la grasa que los cubre. Todo esto –presagios negados, de ritos que no ofrecen señales– lo supe por este muchacho: él es mi guía, como yo lo soy de otros. Pues bien, es el caso que la ciudad está enferma de estos males por tu voluntad, porque nuestras aras y nuestros hogares están llenos, todos, de la comida que pájaros y perros han hallado en el desgraciado hijo de Edipo caído en el combate. Y los dioses ya no aceptan las súplicas que acompañan al sacrificio y los muslos no llamean. Ni un pájaro ya deja ir una sola señal al gritar estrepitoso, saciados como están en sangre y grosura humana.

Recapacita, pues, en todo eso, hijo. Cosa común es, sí, equivocarse, entre los hombres, pero, cuando uno yerra, el que no es imprudente ni infeliz, caído en el mal, no se está quieto e intenta levantarse; el orgullo un castigo comporta, la necedad. Cede, pues, al muerto, no te ensañes en quien tuvo ya su fin: ¿qué clase de proeza es rematar a un muerto? Pensando en tu bien te digo que cosa dulce es aprender de quien bien te aconseja en tu provecho.

Creonte: Todos, anciano, como arqueros que buscan el blanco, buscáis con vuestras flechas a este hombre (se señala a sí mismo); ni vosotros, los adivinos, dejáis de atacarme con vuestra arte: hace ya tiempo que los de tu familia me vendisteis como una mercancía. Allá con vuestras riquezas: comprad todo el oro blanco de Sardes y el oro de la India, pero a él no lo veréis enterrado ni si las águilas de Zeus quieren su pasto hacerle y lo arrebatan hasta el trono de Zeus; ni así os permitiré enterrarlo, que esta profanación no me da miedo; no, que bien sé yo que ningún hombre puede manchar a los dioses. En cuanto a ti, anciano Tiresias, hasta los más hábiles hombres caen, e ignominiosa es su caída cuando en bello ropaje ocultan infames palabras para servir a su avaricia.

Tiresias: Ay, ¿hay algún hombre que sepa, que pueda decir...

Creonte: ¿Qué? ¿Con qué máxima, de todas sabida, vendrás ahora?

Tiresias: ...en qué medida la mayor riqueza es tener juicio?

Creonte: En la medida justa, me parece, en que el mal mayor es no tenerlo.

Tiresias: Y, sin embargo, tú naciste de esta enfermedad cabal enfermo.

Creonte: No quiero responder con injurias al adivino.

Tiresias: Con ellas me respondes cuando dices que lo que vaticino no es cierto.

Creonte: Sucede que la familia toda de los adivinos es muy amante del dinero.

Antígona

Tiresias: Y que gusta la de los tiranos de riquezas malganadas.
Creonte: ¿Te das cuenta de que lo que dices lo dices a tus jefes?
Tiresias: Sí, me doy cuenta, porque si mantienes a salvo la ciudad, a mí lo debes.
Creonte: Tú eres un sagaz agorero, pero te gusta la injusticia.
Tiresias: Me obligarás a decir lo que ni el pensamiento debe mover.
Creonte: Pues muévelo, con tal de que no hables por amor de tu interés.
Tiresias: Por la parte que te toca, creo que así será.
Creonte: Bien, pero has de saber que mis decisiones no pueden comprarse.
Tiresias: Bien está, pero sepas tú, a la vez, que no vas a dar muchas vueltas, émulo del sol, sin que, de tus propias entrañas, des un muerto, en compensación por los muertos que tú has enviado allí abajo, desde aquí arriba, y por la vida que indecorosamente has encerrado en una tumba, mientras tienes aquí a un muerto que es de los dioses subterráneos, y al que privas de su derecho, de ofrendas y de piadosos ritos. Nada de esto es de tu incumbencia, ni de la de los celestes dioses; esto es violencia que tú les haces. Por ello, destructoras, vengativas, te acechan ya las divinas, mortíferas Erinis, para cogerte en tus propios crímenes. Y ve reflexionando, a ver si hablo por dinero, que, dentro no de mucho tiempo, se oirán en tu casa gemidos de hombres y mujeres, y se agitarán de enemistad las ciudades todas los despojos de cuyos caudillos hayan llegado a ellas –impuro hedor– llevadas por perros o por fieras o por alguna alada ave que

los hubiera devorado. Porque me has azuzado, he aquí los dardos que te mando, arquero, seguros contra tu corazón; no podrás, no, eludir el ardiente dolor que han de causarte.

(Al muchacho que le sirve de guía). Llévame a casa, hijo, que desahogue éste su cólera contra gente más joven y que aprenda a alimentar su lengua con más calma y a pensar mejor de lo que ahora piensa.

Sale Tiresias con el lazarillo.

Corifeo: Se ha ido, señor, dejándonos terribles vaticinios. Y sabemos –desde que estos cabellos, negros antes, se vuelven ya blancos– que nunca ha predicho a la ciudad nada que no fuera cierto.

Creonte: También yo lo sé y tiembla mi espíritu; porque es terrible, sí, ceder, pero también lo es resistir en un furor que acabe chocando con un castigo enviado por los dioses.

Corifeo: Conviene que reflexiones con tiento, hijo de Meneceo.

Creonte: ¿Qué he de hacer? Habla, que estoy dispuesto a obedecerte.

Corifeo: Venga, pues: saca a Antígona de su subterránea morada, y al muerto que yace abandonado levántale una tumba.

Creonte: ¿Esto me aconsejas? ¿Debo, pues, ceder, según tú?

Corifeo: Sí, y lo antes posible, señor. A los que perseveran en errados pensamientos les cortan el camino los daños que, veloces, mandan los dioses.

Creonte: Ay de mí: a duras penas pero cambio de idea

sobre lo que he de hacer; no hay forma de luchar contra lo que es forzoso.

Corifeo: Ve, pues, y hazlo; no confíes en otros.

Creonte: Me voy, sí, asimismo, de inmediato. Va, venga, siervos, los que estáis aquí y los que no estáis, rápido, proveeros de palas y subid a aquel lugar que se ve allí arriba. En cuanto a mí, pues así he cambiado de opinión, lo que yo mismo até, quiero yo al presente desatar, porque me temo que lo mejor no sea pasar toda la vida en la observancia de las leyes instituidas.

Coro: Dios de múltiples advocaciones, orgullo de tu esposa cadmea, hijo de Zeus de profundo tronar, tú que circundas de viñedos Italia y reinas en la falda, común a todos, de Deo en Eleusis, oh, tú, Baco, que habitas la ciudad madre de las bacantes, Tebas, junto a las húmedas corrientes del Ismeno y sobre la siembra del feroz dragón [27].

A ti te ha visto el humo, radiante como el relámpago, sobre la bicúspide peña, allí donde van y vienen las ninfas coricias, tus bacantes, y te ha visto la fuente de Castalia. Te envían las lomas frondosas de hiedra y las cumbres abundantemente orilladas de viñedos de los montes de Nisa, cuando visitas las calles de Tebas [28], la ciudad que, entre todas, tú honras como suprema, tú y Semele, tu madre herida por el rayo. Y ahora, que la ciudad entera está poseída por violento mal, acude, atraviesa con tu pie, que purifica cuanto toca, o la pendiente del Parnaso o el Euripo, ruidoso estrecho.

Ió, tú, que diriges la danza de los astros que exhalan fuego, que presides nocturnos clamores, hijo, estirpe de Zeus, muéstrate ahora, señor, con las tíadas que son tu comitiva, ellas que en torno de ti, enloquecidas danzan toda la noche, llamándote Yacco, el dispensador [29].

Mensajero: Vecinos del palacio que fundaron Cadmo y Anfión [30], yo no podría decir de un hombre, durante su vida, que es digno de alabanza o de reproche [31]; no, no es posible, porque el azar levanta y el azar abate al afortunado y al desafortunado, sin pausa, nadie puede hacer de adivino porque nada hay fijo para los mortales. Por ejemplo Creonte –me parece– era digno de envidia: había salvado de sus enemigos a esta tierra de Cadmo, se había hecho con todo el poder, sacaba adelante la ciudad y florecía en la noble siembra de sus hijos. Pero, de todo esto, ahora nada queda: porque si un hombre ha de renunciar a lo que era su alegría, a éste no le tengo por vivo: como un muerto en vida, al contrario, me parece. Sí, que acreciente su heredad, si le place, y a lo grande, y que viva con la dignidad de un tirano; pero si esto ha de ser sin alegría, todo junto yo no lo compraba ni al precio de la sombra del humo, si ha de ser sin contento.

Se abre la puerta de palacio e, inadvertida por los de la escena, aparece Eurídice, esposa de Creonte, con unas doncellas.

Corifeo: ¿Cuál es este infortunio de los reyes que vienes a traernos?
Mensajero: Murieron. Y los responsables de estas muertes son los vivos.
Corifeo: ¿Quién mato y quién es el muerto? Habla.
Mensajero: Hemón ha perecido, y él de su propia mano ha vertido su sangre.
Corifeo: ¿Por mano de su padre o por la suya propia?

Mensajero: El mismo y por su misma mano: irritada protesta contra el asesinato perpetrado por su padre.

Desaparecen tras la puerta Eurídice y las doncellas.

Corifeo: ¡Oh adivino, cuán de cabal adivino fueron tus palabras!
Mensajero: Pues esto es así, y podéis ir pensando en lo otro.

Tras un breve silencio, reaparece Eurídice que baja hasta la mitad de la escalinata y luego se acerca hasta ellos para oír el discurso del mensajero.

Corifeo: Ahora veo a la infeliz Eurídice, la esposa de Creonte, que sale de palacio, quizá para mostrar su duelo por su hijo o acaso por azar.
Eurídice: Algo ha llegado a mí de lo que hablabais, ciudadanos aquí reunidos, cuando estaba para salir con ánimo de llevarle mis votos a la diosa Palas; estaba justo tanteando la cerradura de la puerta, para abrirla, y me ha venido al oído el rumor de un mal para mi casa; he caído de espaldas en brazos de mis esclavas y he quedado inconsciente; sea la noticia la que sea, repetídmela: no estoy poco avezada al infortunio y sabré oírla.
Mensajero: Yo estuve allí presente, respetada señora, y te diré la verdad sin omitir palabra; total, ¿para qué ablandar una noticia, si luego he de quedar como embustero? La verdad es siempre el camino más recto. Yo he acompañado como guía a tu marido hacia

lo alto del llano, donde yacía aún sin piedad, destrozo causado por los perros, el cadáver de Polinices, hemos hecho una súplica a la diosa de los caminos y a Plutón [32], para que nos fueran benévolos y detuvieran sus iras; le hemos dado un baño purificador, hemos cogido ramas de olivo y quemado lo que de él quedaba; hemos amontonado tierra patria hasta hacerle un túmulo bien alto. Luego nos encaminarnos adonde tiene la muchacha su tálamo nupcial, lecho de piedra y cueva de Hades.

Alguien ha oído ya, desde lejos, voces, agudos lamentos, en torno de la tumba a la que faltaron fúnebres honras, y se acerca a nuestro amo Creonte para hacérselo notar; éste, conforme se va acercando, más le llega confuso rumor de quejumbrosa voz; gime y, entre sollozos, dice estas palabras: "Ay de mí, desgraciado, ¿soy acaso adivino? ¿Por ventura recorro el más aciago camino de cuantos recorrí en mi vida? Es de mi hijo esta voz que me acoge. Venga, servidores, veloces, corred, plantaros en la tumba, retirad una piedra, meteros en el túmulo por la abertura, hasta la boca misma de la cueva y atención: fijaros bien si la voz que escucho es la de Hemón o si se trata de un engaño que los dioses me envían". Nosotros, en cumplimiento de lo que nuestro desalentado jefe nos mandaba, miramos, y al fondo de la caverna, la vimos a ella colgada por el cuello, ahogada por el lazo de hilo hecho de su fino velo, y a él caído a su vera, abrazándola por la cintura, llorando la pérdida de su novia, ya muerta, el crimen de su padre y su amor desgraciado. Cuando Creonte le ve, lamentables son sus quejas: se acerca a él y le llama con quejidos de dolor: "Infeliz, ¿qué pretendes? ¿Qué desgracia te ha privado de

Antígona 117

razón? Sal, hijo, sal; te lo ruego, suplicante". Pero su hijo le miró de arriba a abajo con ojos terribles, le escupió en el rostro, sin responderle, y desenvainó su espada de doble filo. Su padre, de un salto, esquiva el golpe: él falla, vuelve su ira entonces contra sí mismo, el desgraciado; como va, se inclina, rígido, sobre la espada y hasta la mitad la clava en sus costillas; aún en sus cabales, sin fuerza ya en su brazo, se abraza a la muchacha; exhala súbito golpe de sangre y ensangrentada deja la blanca mejilla de la joven; allí queda, cadáver al lado de un cadáver; que al final, mísero, logró su boda, pero ya en el Hades: ejemplo para los mortales de hasta qué punto el peor mal del hombre es la irreflexión.

Sin decir palabra, sube Eurídice las escaleras y entra en palacio.

Corifeo: ¿Por qué tenías que contarlo todo tan exacto? La reina se ha marchado sin decir palabra, ni para bien ni para mal.
Mensajero: También yo me he extrañado, pero me alimento en la esperanza de que, habiendo oído la triste suerte de su hijo, no haya creído digno llorar ante el pueblo: allí dentro, en su casa, mandará a las esclavas que organicen el duelo en la intimidad. No le falta juicio, no, y no hará nada mal hecho.
Corifeo: No sé: a mí el silencio así, en demasía, me parece un exceso gravoso, tanto como el griterío en balde.
Mensajero: Sí, vamos, y, en entrando, sabremos si esconde en su animoso corazón algún resuelto desig-

nio; porque tú llevas razón: en tan silencioso reaccionar hay algo grave.

Entra en palacio. Al poco, aparece Creonte con su séquito, demudado el semblante, y llevando en brazos el cadáver de su hijo.

Corifeo: Mirad, he aquí al rey que llega con un insigne monumento en sus brazos, no debido a ceguera de otros, sino a su propia falta.

Creonte: Ió, vosotros que veis, en un mismo linaje, asesinos y víctimas: mi obstinada razón que no razona, ¡oh, errores fatales! ¡Ay, mis órdenes, qué desventura! Ió, hijo mío, en tu juventud –¡prematuro destino, ay ay, ay ay!– has muerto, te has marchado, por mis desatinos, que no por los tuyos.

Corifeo: ¡Ay, que muy tarde me parece que has visto lo justo!

Creonte: ¡Ay, mísero de mí! ¡Sí, ya he aprendido! Sobre mi cabeza –pesada carga– un dios ahora mismo se ha dejado caer, ahora mismo, y por caminos de violencia me ha lanzado, abatiendo, aplastando con sus pies lo que era mi alegría. ¡Ay, ay! ¡Ió, esfuerzos, desgraciados esfuerzos de los hombres!

Mensajero: *(Sale ahora de palacio).* Señor, la que sostienes en tus brazos es pena que ya tienes, pero otra tendrás en entrando en tu casa; me parece que al punto la verás.

Creonte: ¿Cómo? ¿Puede haber todavía un mal peor que éstos?

Mensajero: Tu mujer, cabal madre de este muerto *(señalando a Hemón)*, se ha matado: recientes aún las heridas que se ha hecho, desgraciada.

Antígona

Creonte: Ió, ió, puerto infernal que purificación alguna logró aplacar, ¿por qué me quieres, por qué quieres matarme? *(Al mensajero)*. Tú, que me has traído tan malas, penosas noticias, ¿cómo es esto que cuentas? ¡Ay, ay, muerto ya estaba y me rematas! ¿Qué dices, muchacho, qué dices de una nueva víctima? Víctima –ay, ay, ay, ay– que se suma a este azote de muertes: ¿mi mujer yace muerta?

Unos esclavos sacan de palacio el cadáver de Eurídice.

Corifeo: Tú mismo puedes verla: ya no es ningún secreto.
Creonte: Ay de mí, infortunado, que veo cómo un nuevo mal viene a sumarse a éste: ¿qué, pues? ¿Qué destino me aguarda? Tengo en mis brazos a mi hijo que acaba de morir, mísero de mí, y ante mí veo a otro muerto. ¡Ay, ay, lamentable suerte, ay, del hijo y de la madre!
Mensajero: Ella, de afilado filo herida, sentada al pie del altar doméstico, ha dejado que se desate la oscuridad en sus ojos tras llorar la suerte ilustre del que antes murió, Meneceo[33], y la de Hemón, y tras implorar toda suerte de infortunios para el asesino de sus hijos.
Creonte: ¡Ay, ay! ¡Ay, ay, que me siento transportado por el pavor! ¿No viene nadie a herirme con una espada de doble filo, de frente? ¡Mísero de mí, ay ay, a qué mísera desventura estoy unido!
Mensajero: Según esta muerta que aquí está, el culpable de una y otra muerte eres tú.
Creonte: Y ella, ¿de qué modo se abandonó a la muerte?
Mensajero: Ella misma, con su propia mano, se golpeó

en el pecho así que se enteró del tan lamentable infortunio de su hijo.

Creonte: ¡Ay! ¡Ay de mí! De todo, la culpa es mía y nunca podrá corresponder a ningún otro hombre. Sí, yo, yo la maté, yo, infortunada. Y digo la verdad. ¡Ió! Llevadme, servidores, lo más rápido posible, moved los pies, sacadme de aquí: a mí, que ya no soy más que quien es nada.

Corifeo: Esto que pides te será provechoso, si puede haber algo provechoso entre estos males. Las desgracias que uno tiene que afrontar, cuanto más brevemente mejor.

Creonte: ¡Que venga, que venga, que aparezca, de entre mis días el último, el que me lleve a mi postrer destino! ¡Que venga, que venga! Así podré no ver ya un nuevo día.

Corifeo: Esto llegará a su tiempo, pero ahora, con actos conviene afrontar lo presente: del futuro ya se cuidan los que han de cuidarse de él.

Creonte: Todo lo que deseo está contenido en mi plegaria.

Corifeo: Ahora no hagas plegarias. No hay hombre que pueda eludir lo que el destino le ha fijado.

Creonte: *(A sus servidores).* Va, moved los pies, llevaos de aquí a este fatuo *(por él mismo). (Imprecando a los dos cadáveres).* Hijo mío, yo sin quererlo te he matado; a ti también, esposa, mísero de mí... Ya no sé ni cuál de los dos inclinarme a mirar. Todo aquello en que pongo mano sale mal y sobre mi cabeza se ha abatido un destino que no hay quien lleve a buen puerto.

Sacan los esclavos a Creonte, abatido, en brazos.

Queda en escena sólo el coro, mientras desfila, recita el final el corifeo.

Corifeo: Con mucho, la prudencia es la base de la felicidad. Y en lo debido a los dioses, no hay que cometer ni un desliz. No. Las palabras hinchadas por el orgullo comportan, para los orgullosos, los mayores golpes; ellas, con la vejez, enseñan a tener prudencia.

Notas

1 Muerto Etéocles en combate, en el campo mismo ha recibido Creonte el poder del ejército: así, *estratego* significa "jefe militar".
2 Etéocles y Polinices: los preliminares del tema de *Antígona* fueron tratados por Esquilo en su obra *Los siete contra Tebas*.
3 La sumisión de la mujer al hombre es un motivo constante en Sófocles: aquí el carácter de Ismene queda reflejado al aceptar esta sumisión como algo insuperable.
4 Se trata de una fuente que existe dentro de una gruta, al pie de la acrópolis de Tebas. Sus aguas representan a toda Tebas.
5 Se tenían los tebanos por "hijos de la serpiente", nacidos de la siembra de dientes de este animal que antiguamente había llevado a cabo Cadmo. Con todo, aquí hay que pensar que la serpiente viene solicitada por el águila, cuya enemiga tradicional es.
6 Hijo de Zeus, antaño preminente entre los dioses, es citado aquí como ejemplo de desmesura, comparado con Polinices: es por su arrogancia, en efecto, que Tántalo sufre su conocido castigo, en el cual, sumergido medio cuerpo en el agua, se consume de sed, y sometido a la sombra de un árbol frutal, padece feroz hambre. Cuando sus labios quieren tocar bebida o comida, ésta se aparta lejos de él.

7 O sea, que no ha de conformarse con solamente darles muerte.
8 Esto contrasta con lo dicho antes por Ismene (nota 3) y aporta una nota de virilidad, de decisión, de individualismo al carácter de Antígona. Luego Creonte insistirá en esta idea y la desarrollará.
9 Este tono duro de Creonte, y su decisión respecto de Polinices, sin duda debe conformarse con los parlamentos de Menelao y Agamenón, al final del *Ayax*.
10 En efecto, Antígona había sido prometida a Hemón, hijo de Creonte; para casarse con otra mujer. Hemón había de faltar a su promesa, pues la boda había sido ya acordada, como recuerda Ismene dentro de poco.
11 Es un refrán: como hoy "caminar por las brasas", significa embarcarse en difíciles y arriesgadas empresas.
12 Es decir, como de natural nadie o casi nadie nace lleno de ciencia innata. Se trata también de una expresión coloquial.
13 Para un griego, la ciudad son los ciudadanos, y la nave sólo es tal si hay tripulación. Vacías, ni la ciudad ni la nave sirven para nada, y la posición del que se llamara su jefe sería ridícula.
14 Eros es el muchacho, hijo de Afrodita, que dispara dardos al corazón de dioses y hombres para enamorarlos. La literatura, sobre todo, posterior a Sófocles, asimila los efectos de sus dardos a enfermedad que puede llevar a la locura.
15 El canto coral que ha empezado con la advocación a Eros ("Amor"), termina dirigiéndose a Afrodita, madre de Eros, diosa del amor.
16 El Aqueronte es uno de los ríos que separan y aíslan el mundo de los muertos.
17 Níobe fue personaje famoso, hija de Tántalo, ejemplo de engreimiento y arrogancia en una obra de Esquilo que

Antígona

hemos perdido: se ufano ante la diosa Leto porque tenía muchos hijos; entonces los dos de la diosa, Apolo y Artemis, dieron muerte a los de Níobe. Por el dolor se metamorfoseó en piedra. Las alusiones a ella son corrientes en la poesía posterior, hasta la renacentista.

18 El corifeo piensa, en verdad, en la heroicidad de lo que lleva a cabo Antígona, pero ella, vencida por el abatimiento, cree que es escarnecida.

19 Las razones de Creonte son, diríamos, formalistas: se mata a Antígona dejándola morir, sin haber derramado sangre, sin que esta sangre pueda pedir expiación.

20 Perséfona, esposa de Hades, especialmente importante en los cultos y ritos etónicos.

21 Ismene no cuenta, dada la adaptabilidad de su carácter.

22 El coro evoca en su canto a tres personajes famosos y reales que tampoco eludieron el destino: en primer lugar, Dánae, a la que su padre había recluido en una prisión cerrada con puerta de bronce, que no impidió la vista de Zeus, sin embargo.

23 El hijo de Drías es Licurgo, sobre el que Esquilo había escrito una trilogía hoy perdida: con todo, el tema es el del rey que se opone a la divinidad y ésta lo castiga: aunque el rey se llame ahí Penteo, la historia puede considerarse ejemplificada en *Las Bacantes* de Eurípides.

24 Salmideso es una ciudad situada al nordeste del Bósforo, cerca de la actual Midjeh. El tercer personaje es la madrastra de los hijos de Fineo y Cleopatra, que cegó a sus hijastros en la forma descrita en el texto: Cleopatra fue, pues, después de su muerte, víctima de una ruindad. La relación de estos tres ejemplos con Antígona no es del todo clara.

25 Cleopatra era hija de Oritia, hija de Erecteo.

26 Las Moiras son las divinidades del destino, encargadas de su cumplimiento.

27 Se trata del dragón o serpiente de que se ha hablado ya en la nota 5. El animal era un descendiente de Ares al que Cadmo mató, sembrando luego sus dientes, de los que nacieron los primeros tebanos.
28 El coro sigue refiriéndose a Dionisio: la hiedra y los viñedos son atributos claros del dios.
29 Como en otras obras, antes de la llegada del mensajero –véase *Edipo rey*–, Sófocles hace entonar un canto de alegría y de esperanza al coro, sólo para hundir al punto en la más negra desgracia el clima que así se había conseguido.
30 Anfión, el esposo de Níobe, fue también rey de Tebas.
31 El mismo motivo en el mensajero que explica la desgracia de Edipo.
32 Plutón es la más común advocación de Hades personificado.
33 Otro hijo de Creonte y Eurídice: como uno de los siete tebanos lo cita Esquilo, pero no se sabe cómo fue su muerte, como lo fue la de Hemón.

Indice

Sófocles 9
   El teatro griego 9
   El autor 10
   Las obras 11

Edipo rey 13
   Notas 69

Antígona 73
   Notas 123

Esta edición se terminó de imprimir en los talleres gráficos
CARYBE, Udaondo 2646, Lanús Oeste,
Provincia de Buenos Aires durante el mes de Junio de 2005